中国律师实训经典 | 基础实务系列

总主编 徐 建 龙翼飞

行政诉讼律师基础实务

主　编　吕立秋
撰稿人　吕立秋　吴　华　张　东　刘文义　褚中喜

中国人民大学出版社
·北京·

中国律师实训经典·基础实务系列编辑委员会

主编简介

吕立秋：1970年生，毕业于中国政法大学，法学博士，北京观韬律师事务所律师，高级合伙人，全国律师协会行政法专业委员会副主任，北京市律师协会规章委员会主任，中国行政法学会理事，北京市人大立法咨询专家，中国人民大学、中国政法大学客座教授。1996年开始执业，主要从事政府法制领域的法律服务，在政府规范性文件制定、行政执法、行政复议、行政诉讼等实践领域积累了较为丰富的经验，参与了《行政许可法》、《行政强制法》、《国家赔偿法》、《行政诉讼法》等多部法律的立法或者修订工作，为国家发改委、国家食品药品监督管理总局、财政部国库司、交通运输部、北京市发改委、北京市司法局、北京市住房和城乡建设委员会等政府部门提供法律服务；作为北京市律师协会政府法律顾问团成员，为市政府2008奥运办公室行政立法和市交通管理局行政法律事务工作提供咨询意见；参与了多起公共事件的处理；曾获得"北京市优秀律师"、"北京市律师行业奥运工作突出贡献奖"。

个人专著《行政诉讼举证责任》，撰写全国律师执业基础培训指定教材行政诉讼业务基本技能篇；参与多部行政法、行政诉讼法、国家赔偿法教材的编写工作；论文《行政诉讼证据制度》、《行政程序法在行政诉讼中的重要地位》、《行政诉讼不应附带民事诉讼》、《PT水仙股东应追究谁的责任》发表于《行政法学研究》、《法制日报》等刊物，《律师代理行政诉讼案件常见问题与对策》等发表于《北京律师》。

序

中国人民大学律师学院组织编写我国第一套大型律师基础实务教材"中国律师实训经典·基础实务系列"的情况介绍已经收悉，看后甚喜。这套教材，集实用性、基础性和系统性于一体，内容全面翔实，对完善我国的律师制度，强化律师管理、规范律师行为、防范律师的职业风险有着重要作用；对提高律师基础实务技能、使律师积极参与诉讼和仲裁活动有重要的指导意义；对加强律师业务、实务管理和律师职业管理，增强常规业务必备知识和实务操作技能，也是非常有价值的。《中华人民共和国律师法》颁布施行不到20年，我国律师还很年轻，还需要从理论上、实践中不断探索。

我国法律教育一直偏重于理论研究，将法律实践成果总结提升为理论常常显得滞后。中国人民大学律师学院编写的这套教材，是我看到的第一套系统性法律实务教材，从这个角度说，它开创了我国法律实务教育之先河。律师业是法律职业中有条件全面接触各种法律实务工作情况的职业。从律师的客观和主观、实体和程序角度进行法律实践教育，可使法律人比较全面地了解掌握各项法律实务工作技能，特别是对于学生将来从事各类法律工作会有启发和帮助。这套教材不失为各高校法律实务教育的有益参考书目。

肖 扬

中国人民大学博士生导师、最高人民法院原院长、首席大法官

2014 年 3 月

序 言

中国正在经历一场深刻的社会变革，变革的方向之一，就是政府越来越多地退出对经济和社会生活的直接管控，而交由市场自行调节和社会自我管理。伴随这一变革进程的，将是对各类社会服务需求的大量增加，向社会提供法律服务的律师业也将迎来又一个发展的黄金时期。可以预期，未来若干年，律师从业人员数量将会呈现高速增长。

大量新人进入律师行业，必将对我国的律师教育提出新的挑战。如何从一个"菜鸟"迅速成长为一名合格的律师，是每个律师界新人或准律师关心的问题，而这正是律师正规化专业教育的目标之一。我国的律师教育目前还处在手工作坊阶段，基本上是以师傅带徒弟的方式培养律师。新人入行后，先跟着老律师做实习律师、律师助理等，慢慢积累经验，逐渐成长。这一方式的局限性是显而易见的。主要问题是，缺乏科学系统的培养计划和考核标准，导致年轻律师的培养随意性较强，且受所跟师傅及所在律师事务所的业务范围、业务水平及责任心等方面的局限，培养质量难以保证，年轻律师成长速度参差不齐，甚至一些人长期难以进入角色，无法成为一名合格律师。这种状况，显然难以适应我国律师业高速发展的需要。

中国人民大学律师学院自成立之初，就把探索构建我国律师正规化专业教育体系作为重要目标，并自 2011 年起，把律师实务教育引入国民教育体系，在法律硕士教学中开设了律师方向课程，目前已连续招收了三届学生。在三年教学实践的基础上，我们组织编写了这套律师基础实务教材。

本套教材共 14 本，大体包括三部分。第一部分为律师执业基础，主要包括律师制度、律师管理、律师执业行为规范、律师执业风险防范等执业律师必须了解的基本知识；第二部分为律师基础实务技能，包括律师参与刑事、行政、民事三大诉讼活动及参与仲裁活动必备的知识和基本操作技能，以及律师办理非诉讼业务的基本技能；第三部分为一些最常见的律师业务实务，包括公司、合同、房地产、知识产权、侵权、劳动与社会保障、婚姻家庭、企业法律风险管理等律师常规业务所必备的知识和实务操作技能等。这些课程是在参考国外尤其是英国律师教育经验的基础上，结合我国律师业务的具体情况而设置的。我们认为，这 14 本教材涵盖了最基本的律师业务要求和技能，读者如能全面掌握 14 本教材的内容，就基本具备了作为一名合格执业律师的业务能力。

将本套教材命名为"中国律师实训经典·基础实务系列"，故教材的编写强调了实用性、基础性和系统性。实用性，即完全根据律师业务的实际情况安排教材内容，对每项具体律师业务的基本要求、处理思路、工作规范及具体操作技能等逐一进行介绍，并适当配以具体案例演示，力求使读者按照书中介绍的方法去操作，能够独立完成相关的律师业务工作。基础性，即本套教材主要面向律师界的新人，故在内容安排上只涉及最基础、最常见的律师业务，所介绍的也都是最基本的律师业务技能和操作方法，对于高级的、尖端的律师业务门类和技巧并不涉及。系统性，是指本套教材虽为基础实务教材，但每本教材对所涉及律师业务领域的具体工作要求均做系统、全面的介绍，以帮助读者全面掌握处理该项律师业务的基本技能。

本套教材各册的主编，均由国内律师界相关业务领域的顶级专家担任，各位作者也都具有多年的律师执业经历，且在相关领域术业有专攻，经验丰富。其中多数主编及多位作者曾在我院讲授过相关律师专业课程。每册教材都是主编和作者们多年实务工作的结晶以及律师专业教学经验的总结。可以说，本套教材既贴近律师工作实际，又符合一般教育规律，因此，适合作为各高校法学院律师专业课程教材和各地律协律师岗前教育教材，也可作为实习律师、律师助理及有志进入律师行业者的自学教程。

我国律师的正规化专业教育毕竟还处于起步探索阶段，无成熟经验可循，本系列教材作为我院三年律师专业教育成果的总结，必定还存在不足和疏漏，有待于进一步探索、完善。我们希望全国律师及律师教育界多提宝贵意见，帮助我们不断改进、完善本套教材，共同为探索建设符合中国实际的律师正规化教育体系奠定基础。

本套丛书各位作者在繁忙的工作之余承担了本书的编写工作，将自己的经验和智慧奉献于律师教育事业；各册教材的主编在教材的整体设计、内容安排与统筹、全书审稿统稿等方面付出了辛勤劳动，保证了教材的高品质；中国人民大学出版社法律分社领导和各位编辑，在时间紧、稿件多的情况下，为本套丛书的如期出版做了大量细致有效的工作。在此我们特对以上人员表示特别感谢。

徐　建　龙翼飞

2014 年 3 月

前　言

　　1989 年出台的《中华人民共和国行政诉讼法》，确立了中国的行政诉讼制度，首次建立了"民告官"的制度安排，使得公民、法人和其他组织在不服行政机关具体行政行为时，可以通过诉讼的途径提出诉求。因此，行政诉讼案件是在 1990 年以后开始逐步出现的。行政诉讼案件从无到有，从少到多，从简单到疑难，行政诉讼的规律在实践中被逐步归纳和总结。与民事诉讼、刑事诉讼相比，行政诉讼不仅在诉讼当事人方面存在特殊性即原告、被告地位恒定，而且在纠纷解决的力度上，在权利、义务确定性方面，均具有最明显的有限性。此外，行政诉讼的诉讼请求和判决类型都是法定的，法律适用要遵循特殊的规则，在诉讼实践中受案范围不断扩大，原告资格的判断标准逐渐明晰，证据制度和举证规则逐步完善。可以说，通过二十几年的实践，行政诉讼的一般规律在实践中逐步明晰并不断总结。

　　在行政诉讼的实践中，律师是一支非常重要的队伍，律师通过代理原告、被告或者第三人，代理一审、二审或者再审，通过不同的程序、从不同的角度参与行政诉讼实践，在法律实施中发挥了重要的作用。当然，还需要注意到，目前参与行政诉讼业务的律师还不够多，律师代理行政诉讼案件还不像代理其他诉讼案件那样普遍。随着社会的发展，需要更多的律师参与行政诉讼业务中，特别是代理公民、法人和其他组织的律师队伍亟须扩大。

　　中国人民大学设立律师学院，选定包括行政诉讼在内的几个学科编写专门教材，以加强对学生的专业授课和学习，必然会培养出一批优秀的毕业生，充实中国的律师队伍，是一件利于社会、利于法律实施的大好事。

　　本次受律师学院的委托，我们组织了北京市一批长期从事行政诉讼业务的律师撰写本教材，这些律师有幸经历了行政诉讼案件从无到有、从少到多的过程，对于行政诉讼实践的变迁有较为切身的体会，使得撰写的这本教材具有一定的指导意义。从定位上看，这本教材把律师执业的流程作为切入点，归纳和总结行政诉讼案件中律师代理活动的基本规律和基本规则，旨在帮助尚未接触行政诉讼实务的读者了解实务基本流程。如同路标，本书仅能够指明行动的方向，至于能否寻幽探胜，需要读者们的付出和努力。

　　由于时间紧张、认识有限，且各位作者均是利用业余时间从事本书的撰写工作，其中的错误在所难免。希望各位读者给予批评、指正。

　　是为序。

吕立秋

2014 年 1 月 26 日

目　录

第 1 章

行政诉讼实务总论

单元要点

行政诉讼业务的基本情况；代理行政诉讼业务的一般要求。

学习目标

对律师代理行政诉讼业务有初步认识。

■ 1.1 行政诉讼实务的基本介绍

1.1.1 行政诉讼的地位

行政诉讼制度是人民法院审理被诉行政机关行政行为合法性的审判制度，《行政诉讼法》第2条规定，"公民、法人或者其他组织认为行政机关和行政机关工作人员的具体行政行为侵犯其合法权益，有权依照本法向人民法院提起诉讼"。人民法院设立行政审判庭办理行政诉讼案件，是司法权对行政权的一种监督形式。

行政诉讼与民事诉讼、刑事诉讼共同组成我国的三大诉讼制度，是诉讼制度中不可或缺的组成部分。在我国的三大诉讼制度中，行政诉讼制度出现最晚，1990年我国的行政诉讼法正式实施，标志着我国行政诉讼制度的形成。因此，与其他诉讼相比，行政诉讼案件数量也最少。根据最高人民法院的工作报告，以2011年为例，各级法院共审结一审行政案件13.6万件，审结一审民事案件488.7万件，审结一审刑事案件84万件，审结一审商事案件167.2万件。但是，从行政诉讼本身的数量看，2011年的案件数量，相比2003—2007年5年间总计47万件，仍然呈现较大的增长态势。

行政诉讼是行政法业务的一个组成部分。根据目前的法律服务市场情况，可以将行政法业务分为行政诉讼业务和非诉讼行政法业务。非诉讼行政法业务主要包括日常法律咨询（行政立法咨询、行政决策咨询、行政决定前咨询等）、政府法律顾问、行政复议代理、行政听证代理、行政许可申请等法律业务，这些业务与行政诉讼法律服务，均是行政法业务中的组成部分。

1.1.2 律师代理行政诉讼的作用

近年来，越来越多的律师参与行政诉讼业务中，无论是代理原告还是代理被告，律师工作对于促进行政诉讼制度的发展发挥了重要作用。

（1）律师代理原告起诉，有助于弥补当事人法律知识的不足，通过解释有关规定并提供咨询，使得当事人了解诉讼权利并有效行使。行政诉讼业务的专业性比较强，在确定受案范围、起诉期限、被诉行为、管辖等方面，很多原告因为缺乏专业知识而丧失了提起诉讼的权利，而律师的参与增强了原告行为的专业性。近年来在征地拆迁安置补偿、政府信息公开、房屋权属登记等领域，律师代理了大量的"民告官"案件，对于有效保护原告的合法权益发挥了重要作用。

（2）律师代理原告起诉，将大量的案件输送到法院，对于整个行政诉讼制度是一个重要的促进，增加了行政诉讼实践的各种样本，有助于发现不同案件类型和审判规律，有助于为进一步完善行政诉讼制度积累经验。

（3）律师代理原告，有助于增加诉讼的对抗性，有助于法院发现案件事实和有效适用法律。行政诉讼中，尽管明确了法院职权主义审查的基本方向，但是从诉讼实践看，如果单纯依靠法官的职权主义，而原告一方缺乏对被诉行政行为对抗和争议的理由，则法院的审判活动就缺乏活跃度，法院的职权主义也缺乏线索，容易囿于案卷中现有的事实和法律，不易发现被诉行政行为的缺陷。原告一方的有效率的争议、对被诉行政行为提出有理有据的反驳意见，对于整个诉讼活动是有益无害的。

（4）律师代理原告会有效解决法庭审理活动的技术问题。在行政诉讼的审判活动中，很多原告不理解什么叫"职权"，不了解诉讼的重点是审查被诉行政行为，不了解质证活动如何进行，很多审理过程被法官大量的向原告讲解法律规定的环节所占用，极大影响了诉讼效率，并且不利于原告权利的行使。律师代理原告出庭诉讼，会有效解决这类技术问题，使得庭审的过程更加顺畅，相关问题也会迎刃而解。

当然，行政诉讼中，律师也可以作为被告的代理人出庭参加诉讼。律师代理被告更多地在于能够协助被告在诉讼技术层面做好相关工作，确保被告的应诉活动符合诉讼规律的要求，确保证据提供等方面符合证据规则等。

1.1.3　行政诉讼的主要特点

律师代理行政诉讼业务，要领会行政诉讼的主要特点，这样可以有效地与当事人沟通，确定当事人的诉讼目的，以最终决定是否与当事人建立诉讼代理关系。行政诉讼有如下特点：

1. 作用有限

这主要表现为以下三个方面：

（1）功能的有限性。行政诉讼的核心特点是，这个诉讼是一种司法审查行为，是司法权对行政权运用合法性与否的审查和判断。从这个角度分析，行政诉讼解决的是已经发生的行政行为的合法性与否的问题，而不是未来的行政机关如何作为的问题。

当然，在要求责令行政机关履行法定职责之诉、行政赔偿之诉中，情形会比较特殊。一般情况下，法院会判令行政机关履行法定职责，但是对于法定职责的具体内容如何，并不会作具体表述，比如，责令行政机关给予答复，但是答复的内容是什么，在判决中不予确认。但是也有例外的情况，比如在行政补偿案件中，法院会判决责令行政机关给予相对人补偿，但是具体的补偿方式、金额等一般不会涉及；行政诉讼附带赔偿诉讼案件也是个例外，因为赔偿的数额必须明确体现在判决中；还有在政府信息公开案件的处理中，法院可以根据实际情况，判决公开某些信息。

（2）审查对象的有限性。行政诉讼并非审查所有的行政机关的行为，对于抽象行政行为、部分内部行政行为、国家行为、法律规定的行政终局裁决行为以及对相对人的权利、义务不产生实际影响的行为，均不进行司法审查，它们不属于行政诉讼的受案范围；可以进入行政诉讼的行政行为，主要是具体行政行为和部分事实行为。

（3）裁决结果的有限性。诉讼的结果最终取决于法院的判决形式。在行政诉讼中，法院的判决形式包括：维持判决；（部分）撤销判决；责令履行法定职责判决；确认判决；驳回诉讼请求的判决。这些判决形式并不必然能够解决当事人之间争议的实体权利义务关系。

因此，律师在与当事人（主要是原告）讨论行政诉讼的必要性、诉讼目的等方面的问题时，要充分考虑到行政诉讼目的有限性的特点，与当事人进行充分的沟通，并作出准确的判断。

[参考案例]

某税务机关发出告知书，通知某企业其转让股权的行为需要纳税。股权的购买方为此将8 000万元的转让款暂时扣留，作为履行代扣代缴义务的保证金。后来税务机关经过进一步调查核实，决定撤销原来的告知书，明确表明"因法律规定不明确，撤销原告知书"。但是股权的购买方认为，税务机关所称的"法律规定不明确"，并不能排除卖方的纳税义务，便拒绝将8 000万元的保证金支付给卖方。卖方向律师咨询，是否能够通过行政诉讼要求税务机关撤销"法律规定不明确"的表述，进而促进买方支付保证金。

律师在接待这个当事人过程中，就涉及如何应用诉讼法的基本原理来分析当事人的目的能否实现。根据我们介绍的诉讼目的有限性原则，法院仅仅是审查行政机关已经作出的行政行为的合法性，这个案件当事人真正关心的8 000万元是否能够得到，而行政行为并没有对该8 000万元是否支付作出规定，故行政诉讼并不能最终解决卖方就这8 000万元能否得到的问题。据此律师建议当事人直接通过民事诉讼解决纠纷而放弃行政诉讼的思路，当事人表示理解和满意。

2. 原、被告地位恒定

行政诉讼中，原告恒定是行政相对人一方，是公民、法人和其他组织；被告恒定是行政主体，因此，行政诉讼中原告和被告分别有自身的诉讼规律。行政诉讼律师在工作中，既可以定位于代理原告一方，也可以定位于代理被告一方。如果一个律师事务所既办理行政诉讼的原告代理业务，又办理该行政诉讼的被告代理业务，就要特别关注避免发生利益关系的冲突。关于利益冲突的问题，我们在后文会详细论述。

3. 行政诉讼是自益诉讼

《行政诉讼法》第 2 条规定，"公民、法人或者其他组织认为行政机关和行政机关工作人员的具体行政行为侵犯其合法权益，有权依照本法向人民法院提起诉讼"。最高人民法院的司法解释进一步规定，"与具体行政行为有法律上利害关系的公民、法人或者其他组织对该行为不服的，可以依法提起行政诉讼"。因此，行政诉讼强调原告为自己的利益提起行政诉讼，暂时还未体现公益诉讼的内容。

《民事诉讼法》第 55 条规定"对污染环境、侵害众多消费者合法权益等损害社会公共利益的行为，法律规定的机关和有关组织可以向人民法院提起诉讼"，首次将公益诉讼纳入民事诉讼的范围，但是在行政诉讼中如何处理公益诉讼的问题还缺乏依据。

■ 1.2　行政诉讼实务基础知识

1.2.1　律师办理行政诉讼业务需要掌握的法律规定

律师代理行政诉讼业务，要掌握有关行政诉讼的一些基本规定。这些规定有助于律师准确、迅速地理解各种行政法律文件，是律师代理行政诉讼案件的基本依据，是律师理解和办理行政诉讼案件的前提条件。不了解这些基本法律规定，律师对案件的分析可能就是片面、有遗漏、不完整的，很难对行政案件的纠纷性质作出准确判断，也无法作出正确的分析。根据目前的立法情况以及实际的工作经验，现将一些比较重要的、律师从事行政诉讼法律业务的必备法律常识列举如下。

（1）《宪法》。

（2）《立法法》。

（3）《行政诉讼法》。

（4）《行政复议法》。

（5）《民事诉讼法》。

（6）《国家赔偿法》。

（7）《公务员法》。

（8）《国务院关于印发全面推进依法行政实施纲要的通知》。

（9）《国务院关于加强法治政府建设的意见》。

（10）《行政许可法》、《行政处罚法》、《行政强制法》。

（11）《政府信息公开条例》。

（12）重要司法解释。

1）2000 年 3 月 10 日《最高人民法院关于执行〈中华人民共和国行政诉讼法〉若干问题的解释》，共 98 条，内容涵盖了行政诉讼的受案范围、管辖、原告资格、被告资格、第三人、举证责任、起诉受理程序、审理程序、判决形式等，是对于行政诉讼的主要原则和内容的进一步细化和补充。

2）2002 年 6 月 4 日《最高人民法院关于行政诉讼证据若干问题的规定》，共 80 条，内容包括举证责任和举证期限、提供证据的要求、调取和保全证据，证据的对质、辨认和核实，证据的审核认定等，是行政诉讼中的举证责任和证据制度更为具体的实践操作规范。

3）1997 年 4 月 29 日《最高人民法院关于审理行政赔偿案件若干问题的规定》，共 40 条。该规定的主要内容包括行政赔偿案件的受案范围、管辖、诉讼当事人、起诉与受理、审理和判决等，是律师代理行政赔偿诉讼案件的重要指南。

4）2004 年 5 月 18 日《最高人民法院关于审理行政案件适用法律规范问题的座谈会纪要》。该纪要阐明了法院在审理行政诉讼中如何进行法律适用的具体标准，对于律师在代理行政诉讼案件中判断各类规范性文件的效力具有重要作用。

5）2008 年 1 月 14 日《最高人民法院关于行政诉讼撤诉若干问题的规定》。该规定的主要目的在于规范实践中大量存在的行政撤诉行为，就撤诉条件等作出了明确规定。该司法解释对于律师代理行政诉讼原告申请撤诉以及代理被告在诉讼中变更具体行政行为，均具有重要指导意义。

6）2008 年 1 月 14 日起施行的《最高人民法院关于行政案件管辖若干问题的规定》。该规定明确列举了中级人民法院应当管辖的一审行政案件，明确了在基层人民法院不立案，也不作出裁定的情形下，当事人向中级人民法院起诉时中级人民法院的职责等。该规定对于律师代理原告确定管辖法院以及解决立案难等问题具有重要意义。

7）其他司法解释。

（13）相关国际条约。

（14）行政诉讼所涉及的部门法律、法规。

根据具体行政诉讼涉及的部门不同，在法律服务中要掌握该行政诉讼案件涉及的部门法律，比如公安、交通、消防、药品监督、工商管理、海关、税收、金融监管等不同的业务方向，均涉及不同的部门法律。因此，在从事行政诉讼法律服务的过程中，除掌握基本的行政法律原理和规定以外，还要掌握这些专门领域的法律规定，全面收集有关的法律、法规，包括：a. 法律；b. 行政法规；c. 地方性法规；d. 部门规章；e. 地方政府规章；f. 规章以外的规范性文件；g. 有关的立法解释、司法解释等。

律师代理行政诉讼案件，只有全面掌握了上述两个方面的法律规定，才能有效地分析案件事实情况，有针对性地确定代理思路、收集证据的方向等，并正确确定最终的代理方案。

1.2.2　律师办理行政诉讼业务需熟练掌握的基本原则

关于行政诉讼的基本原则，理论上有很多的归类方法，并且对于基本原则的范围理解不尽相同。本书主要从法律实践的角度，重点阐述行政诉讼法律服务中，律师需要经常应用的一些特殊原则，余不赘述。

1.2.2.1　合法性审查为原则

合理性审查作为例外的合法性审查原则，也被称为优先司法审查原则，是依据《行政诉讼法》第 5 条的内容对行政诉讼基本原则的一个概括。《行政诉讼法》第 5 条规定："人民法院审理行政案件，对具体行政行为是否合法进行审查。"这一原则集中体现了行政诉讼的基本任务、法院的职责范围、当事人的诉讼目的等与行政诉讼基本问题有关的主要特征，是律师从事行政诉讼法律业务需要掌握的基本常识，特在此简要说明。

（1）合法性审查原则的基本内容

根据行政诉讼法的规定，合法性审查原则具体应当包括如下几个方面的内容：

a. 行政诉讼审查的对象是具体行政行为。具体行政行为系针对抽象行政行为而言，抽象行政行为不属于法院审查的对象。当然，随着《国家赔偿法》以及有关司法解释的出台，法院审查的对象也在逐渐扩充，部分事实行为也被纳入司法审查的范围中，比如非法拘禁、殴打等。

b. 法院审查的程度，仅限于具体行政行为的合法性，而不审查其合理性。法院不审查行政行为的合理性或者适当性，系遵循着司法权和行政权的明确界限：司法权要对行政权进行监督，但是又不能替代行政权作出决定。在行政权的行使过程中，有很多属于行政机关根据法律、法规、规章的授权，根据实际情况作出的具体决定，这些行为体现了行政机关执法的专门性、专业性以及裁量性。而法院在审查行政行为的时候，比较恰当的审查范围是对行政机关行政行为的合法与否作出判断，而涉及合理性的问题时，应当尊重行政机关的决定。

c. 审查结果的有限性。这与法院的审查程度密切相关，正因为法院的审查程度有限，审查的结果也相应是有限的，这主要表现为判决形式（类型）的有限性。

（2）合法性审查原则对律师代理工作的要求

在合法性原则的框架下，律师代理行政诉讼案件，应在准确理解行政诉讼的本质特征的前提下进行工作。一般意义上，合法性审查原则对于律师工作有以下几个方面的要求或者影响：

a. 律师通过合法性审查原则来审查判断是否接受当事人的委托。根据合法性审查原则，并非所有的案件都能够进入行政诉讼程序，因此，律师在准确判断行政行为的性质的前提下，可以确定是否接受当事人的代理要求：凡是不属于行政诉讼审查范围的，比如抽象行政行为等，就可以确定不能接受当事人的诉讼代理要求。

b. 律师通过合法性审查原则来确定诉讼的策略。根据合法性审查原则，行政诉讼的结果受限于行政诉讼的审查程度，受限于司法权与行政权的界限。因此，律师在代理行政诉讼案件中，应当结合行政诉讼的特点，考虑当事人的利益，制定准确的诉讼策略，以便达到当事人利益的有效实现和最大化。

c. 律师通过合法性审查原则准确提出诉讼请求。根据合法性审查原则，行政诉讼的判决形式是有限的，当事人的争议或者利益很可能在行政诉讼中无法得到最终的解决。因此，律师要在与当事人充分沟通的基础上，根据合法性审查原则的特点，准确提出行政诉讼的诉讼请求，以维护当事人的合法权益。

d. 律师通过合法性审查原则准确提出答辩意见。因为法院审查被诉具体行政行为的合法性，所以律师代理被告应诉时应当围绕被诉行政行为的合法性提出答辩。

1.2.2.2 被告对行政行为的合法性承担举证责任原则

《行政诉讼法》第 32 条规定："被告对作出的具体行政行为负有举证责任，应当提供作出具体行政行为的证据和所依据的规范性文件。"这一规定集中体现了行政诉讼的主要特点。但是这不能简单地理解为在所有的行政诉讼案件中，行政机关需要对所有的事实均承担举证责任。我们可以从以下几个方面来全面理解这一规定的具体内容：

（1）被告承担举证责任的范围。根据行政诉讼法的规定，被告对具体行政行为的合法性承担举证责任。这一规定体现了行政机关应当"先取证，后裁决"的执法要求，同时也是"谁主张谁举证"原则在行政诉讼中的具体体现。其具体含义为：

a. 行政机关对于被诉具体行政行为是否合法承担举证责任，但是对于没有被起诉的具体行政行为的合法性不承担举证责任。比如实际工作中，很多行政机关的具体行政行为以其他行政机关的一个/多个行政行为或者行政机关本身的一个/多个行政行为作为前提和依据，但是只有最终的行政决定被当事人提起行政诉讼。因此，对于被告行政机关而言，其只需要对被诉的具体行政行为的合法性承担举证责任，而不需要对没有被起诉的具体行政行为的合法性承担举证责任。那些作为行政机关依据或者前提的具体行政行为的合法性，按照"行政行为效力先定原则"，在行政诉讼中不作为审查的对象，也不是被告行政机关承担举证责任的范围。

b. 行政机关对被诉的具体行政行为是否合法承担举证责任，但是某些特殊的情况下，应当由原告承担举证责任。

（2）举证责任与证据的收集、提供也是当事人的一项诉讼权利，举证责任制度并不排除不承担举证责任的一方当事人提供证据的权利。

为了便于法院查明案件事实，有效解决行政争议，任何一方当事人，无论是否承担举证责任，都应考虑尽可能收集并向法院提供与案件事实有关的证据。这不仅是当事人享有的诉讼权利。根据《行政诉讼法》第 34 条的规定，"人民法院有权要求当事人提供或者补充证据"，在人民法院要求提供证据的情况下，当事人也有义务配合法院的审理工作，提供有关的证据材料。实际工作中，被告承担举证责任的观念已经深入人心，所以被告在提供证据方面比较积极。但是原告一方，往往因为片面理解了被告承担举证责任的内容，而忽视或者轻视证据的收集和提供，这样既不利于法院审理案件，也不利于原告权益主张的实现。因此，律师在代理行政诉讼案件中，无论是代理原告还是代理被告，为最大限度体现当事人的利益，均应当按照诉讼的各项证据规则，收集到符合法定形式的证据，并在法定期限内提供给法庭。

1.2.2.3 起诉不停止执行原则

《行政诉讼法》第44条规定，"诉讼期间，不停止具体行政行为的执行"。这一原则体现了行政行为的效力先定原则，也在一定程度上体现了对公共秩序的优先保护。但是，根据行政诉讼法的规定，在下列法定的情形下，诉讼期间可以停止具体行政行为的执行：（1）被告认为需要停止执行的。（2）原告申请停止执行，法院认为该具体行政行为的执行会造成难以弥补的损失，并且停止执行不损害社会公共利益，裁定停止执行的。（3）法律、法规规定停止执行的。

一般情况下，对于那些一旦执行就很难执行回转、很难挽回或者有效补救的行政行为，原告在诉讼中均应当向法院提出停止具体行政行为执行的申请，比如办公大楼的拆除、涉及人身自由的处罚等。同时，对于某些不需要停止执行的具体行政行为，律师作为代理人要提醒当事人及时履行具体行政行为确定的义务。

[参考案例]

案例1：

张某因被举报突然被行政机关处以劳动教养1年的行政处罚，张某不服，委托律师提起行政诉讼。律师代理后，首先向法院提出停止具体行政行为执行的申请。法院经过审查后未同意原告的申请。法院在了解案情后，经过与被告对案件进行沟通的形式，在开庭前被告主动撤销了劳动教养决定。张某在被"劳教"30天后释放回家。

这个案例中，因涉及公民的人身自由权，律师在代理的一开始，就提出了要求暂时停止行政行为执行的申请，这种做法是非常正确的。尽管在实践中，是否裁定停止具体行政行为的执行，取决于法院的判断，但是律师是否建议当事人提出申请，是判断律师工作是否尽责的重要标准。在当事人有申请权的情况下，律师没有建议当事人提出申请，不仅会贻误时机，给当事人造成不必要的损害，还可能导致律师与当事人之间的争议。

案例2：

某公司因为从事广告业务，没有按照法定的批准程序就在风景名胜区设立广告设施，被主管行政机关处以罚款8 000元。该公司不服，聘请律师进行行政诉讼。诉讼中，原告收到行政机关的通知，要求他缴纳逾期未缴纳的罚款的滞纳金4 800元。当事人非常不理解，认为律师没有履行好职责，而与代理律师发生了争议。

在这个案例中，当事人被处以罚款的行政处罚，对于这种处罚行政机关都会明确告知履行期限，一般要求在当事人收到行政处罚决定书之日起15日内到指定的银行缴纳罚款。根据《行政处罚法》的规定，当事人到期不缴纳罚款的，每日按罚款数额的3%加处罚款。这个案例中，仅仅是罚款这种财产处罚，当事人申请停止执行获得批准的可能性不大，作为代理律师应当及时提示当事人履行缴纳罚款的义务。而在实际的案例中，律师没有很好地履行职责，导致当事人的损失进一步扩大并发生了争议。对于这种情形律师应当是可以避免的。

1.2.2.4 行政诉讼不适用调解的原则

《行政诉讼法》第50条规定，"人民法院审理行政案件，不适用调解"。因此尽管有不同的意见，但在理论界仍将行政诉讼不适用调解作为行政诉讼的一个基本原则来看待。但是在实务中，这个原则的突破比较常见，比如诉讼中常见的撤诉与被告改变或者撤销具体行政行为等。

2007年《行政复议法实施条例》第40条明确规定，"公民、法人或者其他组织对行政机关行使法律、法规规定的自由裁量权作出的具体行政行为不服申请行政复议，申请人与被申请人在行政复议决定作出前自愿达成和解的，应当向行政复议机构提交书面和解协议；和解内容不损害社会公共利益和他人合法权益的，行政复议机构应当准许"。这个条例对于行政权的处分权给予了充分的尊重。

2008年《最高人民法院关于认真贯彻执行〈关于行政诉讼撤诉若干问题的规定〉的通知》中，明确提出"……合议庭可以发挥宣传、建议、协调和法律释明的作用……既要尽可能通过协调化解行政争议……"，这样，法院在行政诉讼中通过调解来解决争议，以及行政机关通过改变或者撤销具体行政行为来化解矛盾，均有了充分的依据。

在关于《行政诉讼法》修改的很多建议中，也有人提出对《行政诉讼法》第50条的规定进行修订。这些发展和变化对于律师代理行政诉讼有重要的意义。律师无论是代理原告还是代理被告，均应当在诉讼中根据实际情况，考虑是否通过和解的方式结案，从而化解矛盾、解决争议，以实现当事人的诉讼目的和利益。

1.2.2.5 行政诉讼的法律适用问题尤为突出

行政诉讼中审查被诉行政行为的合法性，基于行政机关"职权法定"的原则，诉讼过程中的法律适用问题尤为突出。律师在工作中需要特别关注法律适用的特殊性，主要包括：（1）法院审查案件，依据法律、行政法规、地方性法规、自治条例和单行条例，参照规章；（2）在涉及新、旧法衔接方面，程序问题适用新法，实体问题适用"从旧兼从轻"的原则。

律师代理任何一方当事人，在判断案件的法律适用时，要对案件的法律适用问题作出准确判断。

[资料链接]

政府"红头文件的效力"——《关于审理行政案件适用法律规范问题的座谈会纪要》

行政审判实践中，经常涉及有关部门为指导法律执行或者实施行政措施而作出的具体应用解释和制定的其他规范性文件，主要是：国务院部门以及省、市、自治区和较大的市的人民政府或其主管部门对于具体应用法律、法规或规章作出的解释；县级以上人民政府及其主管部门制定并发布的具有普遍约束力的决定、命令或其他规范性文件。行政机关往往将这些具体应用解释和其他规范性文件作为具体行政行为的直接依据。这些具体应用解释和规范性文件不是正式的法律渊源,对人民法院不具有法律规范意义上的约束力。但是,人民法院经审查认为被诉具体行政行为依据的具体应用解释和其他规范性文件合法、有效并合理、适当的,在认定被诉具体行政行为合法性时应承认其效力;人民法院可以在裁判理由中对具体应用解释和其他规范性文件是否合法、有效、合理或适当进行评述。

■ 1.3　利益冲突与律师的市场定位

1.3.1　利益冲突规则

律师代理行政诉讼,应当回避或避免利益冲突,或者在利益相关人同意的前提下采取必要的措施将利益冲突的危害降到最小。利益冲突是指同一律师事务所代理的委托事项与该所代理的其他委托人的委托事项之间有利益上的冲突,继续代理将侵害或可能侵害相关委托人利益的情形。

1.3.1.1　利益冲突规则的法律规定

根据《律师法》第 47 条规定,律师会受到主管行政机关的处罚的情形之一是"在同一案件中为双方当事人担任代理人,或者代理与本人及其近亲属有利益冲突的法律事务的"。这是法律上对于律师办理业务必须避免利益冲突的核心规定。

1.3.1.2　利益冲突规则的规章规定

根据司法部《律师和律师事务所违法行为处罚办法》第 7 条　有下列情形之一的,属于《律师法》第 47 条第 3 项规定的律师"在同一案件中为双方当事人担任代理人,或者代理与本人及其近亲属有利益冲突的法律事务的"违法行为:

(1) 在同一民事诉讼、行政诉讼或者非诉讼法律事务中同时为有利益冲突的当事人担任代理人或者提供相关法律服务的;

(2) 在同一刑事案件中同时为被告人和被害人担任辩护人、代理人,或者同时为 2 名以上的犯罪嫌疑人、被告人担任辩护人的;

(3) 担任法律顾问期间,为与顾问单位有利益冲突的当事人提供法律服务的;

(4) 曾担任法官、检察官的律师,以代理人、辩护人的身份承办原任职法院、检察院办理过的案件的;

(5) 曾经担任仲裁员或者仍在担任仲裁员的律师,以代理人身份承办本人原任职或者现任职的仲裁机构办理的案件的。

以上是法律和规章层面对律师代理业务的禁止性规定,除此以外,全国律师协会以及各地方的律师协会还对律师代理利益冲突的案件作出了更具体的规定,这些规定是律师从事业务时需要遵守的。

[资料链接]

全国律师协会对利益冲突规范的要求

（1）律师事务所应当建立利益冲突审查制度。律师事务所在接受委托之前，应当进行利益冲突审查并作出是否接受委托决定。

（2）办理委托事务的律师与委托人之间存在利害关系或利益冲突的，不得承办该业务并应当主动提出回避。

（3）有下列情形之一的，律师及律师事务所不得与当事人建立或维持委托关系：

a. 律师在同一案件中为双方当事人担任代理人，或代理与本人或者其近亲属有利益冲突的法律事务的；

b. 律师办理诉讼或者非诉讼业务，其近亲属是对方当事人的法定代表人或者代理人的；

c. 曾经亲自处理或者审理过某一事项或者案件的行政机关工作人员、审判人员、检察人员、仲裁员，成为律师后又办理该事项或者案件的；

d. 同一律师事务所的不同律师同时担任同一刑事案件的被害人的代理人和犯罪嫌疑人、被告人的辩护人，但在该县区域内只有一家律师事务所且事先征得当事人同意的除外；

e. 在民事诉讼、行政诉讼、仲裁案件中，同一律师事务所的不同律师同时担任争议双方当事人的代理人，或者本所或其工作人员为一方当事人，本所其他律师担任对方当事人的代理人的；

f. 在非诉讼业务中，除各方当事人共同委托外，同一律师事务所的律师同时担任彼此有利害关系的各方当事人的代理人的；

g. 在委托关系终止后，同一律师事务所或同一律师在同一案件的后续审理或者处理中又接受对方当事人委托的；

h. 其他与本条第（一）至第（七）项情形相似，且依据律师执业经验和行业常识能够判断为应当主动回避且不得办理的利益冲突情形。

（4）有下列情形之一的，律师应当告知委托人并主动提出回避，但委托人同意其代理或者继续承办的除外：

a. 接受民事诉讼、仲裁案件一方当事人的委托，而同所的其他律师是该案件中对方当事人的近亲属的；

b. 担任刑事案件犯罪嫌疑人、被告人的辩护人，而同所的其他律师是该案件被害人的近亲属的；

c. 同一律师事务所接受正在代理的诉讼案件或者非诉讼业务当事人的对方当事人所委托的其他法律业务的；

d. 律师事务所与委托人存在法律服务关系，在某一诉讼或仲裁案件中该委托人未要求该律师事务所律师担任其代理人，而该律师事务所律师担任该委托人对方当事人的代理人的；

　　e. 在委托关系终止后一年内，律师又就同一法律事务接受与原委托人有利害关系的对方当事人的委托的；

　　f. 其他与本条第（一）至第（五）项情况相似，且依据律师执业经验和行业常识能够判断的其他情形。

　　(5) 律师和律师事务所发现存在上述情形的，应当告知委托人利益冲突的事实和可能产生的后果，由委托人决定是否建立或维持委托关系。委托人决定建立或维持委托关系的，应当签署知情同意书，表明当事人已经知悉存在利益冲突的基本事实和可能产生的法律后果，以及当事人明确同意与律师事务所及律师建立或维持委托关系。

　　委托人知情并签署知情同意书以示豁免的，承办律师在办理案件的过程中应对各自委托人的案件信息予以保密，不得将与案件有关的信息披露给相对人的承办律师。

1.3.2　律师的市场定位

　　如前所述，行政诉讼具有原、被告地位恒定的特点，基于避免利益冲突的考虑，专业承办行政诉讼业务的律师最好审慎考虑其业务的市场定位，是着重于为原告提供法律服务，还是着重于为政府提供法律服务。这不仅能够有效避免在业务拓展中出现利益冲突的嫌疑，更重要的是，律师在建立个人的职业形象以及市场角色过程中，需要确定一个明确的主线。如果着重于代理原告，工作本身就需要更多地站在行政相对人的立场，对政府的行为或者决策提出建议或者提出意见，而这在一定程度上就会形成律师代言行政相对人的市场认同。如果着重于代理被告，律师的很多工作需要遵守行政机关的一些工作要求。但是如果定位不明确，律师在代理原告、被告间随意转换，律师的言论和立场就容易受到质疑和攻击，难免利益冲突之嫌疑。

　　除此以外，基于办理行政法律服务的特点，还可能出现一些隐性的利益冲突，比如同时代理上下级行政机关，下级行政机关的案件在上级行政机关复议，对该复议案件的办理，律师就出现了明显的角色冲突；比如代理行政机关的同时，代理的某个市场主体成为该行政机关监管的对象。这些情况的发生具有偶然性，也有一定的必然性，所以在律师开拓市场、接受业务的过程中，需要综合评估各种可能出现的情形，尽管尚无法律的明确规定，也要尽量相对明确角色定位，并在此基础上作出更大的努力。

■ 1.4　行政诉讼委托合同的签署

1.4.1　律师事务所与客户签约

　　根据《律师法》以及行业规范的要求，律师代理业务，均应由所在律师事务所与客户签署代理合同。律师代理行政诉讼，由律师事务所与当事人签署委托代理合同。《律师法》第25条第1款规定，"律师承办业务，由律师事务所统一接受委托，与委托人签订书面委托合同，按照国家规定统一收取费用并如实入账"。

1.4.2　行政诉讼委托代理合同的主要内容

行政诉讼委托代理合同应包括明确委托人和被委托人主体情况、委托事项、授权范围、授权期限、代理审级、代理费用标准和支付以及双方权利、义务等。

律师事务所代理原告时的委托代理合同，考虑到行政诉讼的特点，一般需要规定以下类似内容：

（1）律师事务所代理行政诉讼案件，存在法院不立案、立案后裁定予以驳回以及实体败诉等可能性，在此情况下，原告仍然愿意委托律师事务所办理该案件的诉讼事宜；

（2）行政诉讼仅审查被诉行政行为的合法性，不能够当然解决原告争议的利益或者权利，律师事务所已经对原告充分阐释，原告对此完全理解。

律师事务所代理行政赔偿诉讼以及与赔偿有关的强制执行案件，需要特别明确是否有承认、放弃、变更诉讼请求以及是否能够代理与对方当事人和解的授权范围。

■ 1.5　行政诉讼代理收费

（1）行政诉讼案件律师收费实行政府指导价。根据2006年国家发改委、司法部共同颁布的《律师服务费管理办法》第5条、第6条的规定，律师事务所代理行政诉讼案件实行政府指导价；政府指导价的基准价和浮动幅度由各省、自治区、直辖市人民政府价格主管部门会同同级司法行政部门制定，因此、各省、自治区、直辖市的收费标准不同，律师应当遵守注册地的相关收费标准。

（2）行政诉讼不得实行风险代理。2006年国家发改委、司法部共同颁布的《律师服务费管理办法》第12条规定，"禁止刑事诉讼案件、行政诉讼案件、国家赔偿案件以及群体性诉讼案件实行风险代理收费"。

（3）律师需通过律师事务所收取律师费用，不得自行收取律师费用。律师事务所向委托人收取律师服务费，应当向委托人出具合法票据。

练习与测试

1. 行政诉讼中法院是否能够直接改变被诉的行政行为？

2. 某律师事务所的A律师接受张某的委托，代理其起诉某省政府；但是该省政府同时是A律师所在律师事务所的常年法律顾问单位，请问：这种情况下，A律师能否同意接受张某的委托？

3. 行政诉讼中，被告承担举证责任这个规定如何理解？

单元总结

律师代理行政诉讼，需要对行政诉讼的特殊规则以及民事诉讼的一般规则予以了解，注意律师代理工作的特殊要求，对行政诉讼核心特点能够把握并熟练应用。

第2章

行政诉讼一审中代理原告

单元要点

本章主要从行政诉讼中律师代理原告的行业状况，律师如何接待当事人，如何向慕名拜访的客户分析案情，从而签订委托代理协议，以及如何确定证据，如何调查取证，如何进行庭审及庭后工作等方面，全面分析、阐述律师代理原告参加行政诉讼的各项工作内容及注意事项。

学习目标

全面掌握律师代理行政诉讼原告的要领。

2.1 接受案件委托

"万事开头难"，接受案件委托阶段恰恰最考验一名律师的办案经验与处世能力。在这一阶段律师要解决三大问题：一是理清案件事实、背景情况及前后脉络，分析诉点与焦点法律问题，判断各方利益所在，确定案件的可诉性；二是预测案件可能的结果与进行中存在的障碍及风险；三是获得当事人的认可，建立委托代理关系。

2.1.1 律师通过与当事人会谈解决的问题

律师通过与当事人会谈要解决的问题概括为三点：一是当事人的案件能不能提出行政诉讼的问题，二是行政诉讼案件如何代理的问题，三是当事人是否委托律师代理并接受律师事务所代理案件的条件问题。其中，最核心的问题在于律师必须要赢得当事人的充分信任。

2.1.1.1 会谈前的准备及提示工作

好的会谈应该是切中要害的，但做到这点并不容易。行政行为的作出有很强的专业性并且法律涉及面广泛，例如，一项涉及商品虚假宣传的行政处罚行为可能涉及《消费者权益保护法》、《产品质量法》与《反不正当竞争法》三部法律。只要时间允许，律师在会谈前应当做一些必要的准备工作，另外，律师也要提示当事人尽量全面收集完整的案件资料。有经验的律师，在与当事人会谈前就应当明确知道自己想要知道哪些内容并提示当事人提前准备哪些案件资料。

1. 审核基本事实并提示起诉期限风险

（1）基本事实：

1）争议各方当事人的名称及基本情况，是否存在适格的原告与被告，是否存在案件第三人。

2）行政行为的内容，包括作出内容、作出单位、作出方式及作出时间，如果有书面的行政行为，应要求当事人预先提供一份，进一步了解作出行政行为的理由及法律依据，特别注意明示救济途径与时效的规定，是否存在先置程序限制。

3）行政行为是否已经过行政复议；是否属于行政复议或行政裁决即为终局的情形；是否属于强制行政复议前置的情形；是否属于经前置程序方可提出行政复议或行政诉讼的行为等。

审核基本事实的主要目的在于辨别行政行为是否存在时效风险、是否属于行政诉讼法规定的普通起诉期限以外的特例，以做到及时处理、了解可供选择的救济程序。

（2）提示起诉期限风险

1）《行政诉讼法》规定的一般起诉期限非常短暂，特别是经行政复议的案件，自收到复议决定书之日起15日内就应向人民法院提起诉讼；未经行政复议的，一般起诉期限也仅为当事人在知道作出具体行政行为之日起3个月。因此，律师在与当事人第一次进行接触时就应对起诉期限问题给予最强烈关注并充分提示当事人，如果已接近起诉期限届满时间，完全有必要用书面方式向当事人发出提示通知。

[资料链接]

《中华人民共和国行政诉讼法》

第三十八条：公民、法人或者其他组织向行政机关申请复议的，复议机关应当在收到申请书之日起两个月内作出决定。法律、法规另有规定的除外。

申请人不服复议决定的，可以在收到复议决定书之日起十五日内向人民法院提起诉讼。复议机关逾期不作决定的，申请人可以在复议期满之日起十五日内向人民法院提起诉讼。法律另有规定的除外。

第三十九条：公民、法人或者其他组织直接向人民法院提起诉讼的，应当在知道作出具体行政行为之日起三个月内提出。法律另有规定的除外。

2）如果经初步核查认为案件已超过一般起诉期限，应立即向当事人进一步了解案情，寻求以下可行的弥补方式：

a. 不属于因起诉人自身原因超过起诉期限的，可致使起诉期限中止并申请延长的情形。若存在不可抗力或者其他特殊情况（法定事由例如因人身自由受到限制而不能提起诉讼的），耽误的时间不计算在起诉期间内，障碍消除后10日内可以申请法院延长期限，延长的期限一般与耽误的期限相同。

特别提示：《行政诉讼法》与《最高人民法院关于执行〈中华人民共和国行政诉讼法〉若干问题的解释》规定的时效中止与延长的内容存在出入，障碍消除后是先申请延长还是直接提交行政起诉状尚无定论，从谨慎原则出发，建议同时提交行政起诉状和申请延长起诉期间为宜。

[资料链接]

《中华人民共和国行政诉讼法》

第四十条：公民、法人或者其他组织因不可抗力或者其他特殊情况耽误法定期限的，在障碍消除后的十日内，可以申请延长期限，由人民法院决定。

《最高人民法院关于执行〈中华人民共和国行政诉讼法〉若干问题的解释》

第四十三条：由于不属于起诉人自身的原因超过起诉期限的，被耽误的时间不计算在起诉期间内。因人身自由受到限制而不能提起诉讼的，被限制人身自由的时间不计算在起诉期间内。

b. 知道行政行为或行政复议决定的内容但未被告知诉权或者起诉期限最长不得超过 2 年的起诉期限情形。

行政机关作出具体行政行为或行政复议决定时未告知诉权或者起诉期限，起诉期限从当事人知道或应当知道诉权或者起诉期限之日起计算，但从知道或应当知道具体行政行为或行政复议决定内容之日起最长不超过 2 年。

[资料链接]

《最高人民法院关于执行〈中华人民共和国行政诉讼法〉若干问题的解释》

第四十一条：行政机关作出具体行政行为时，未告知公民、法人或者其他组织诉权或者起诉期限的，起诉期限从公民、法人或者其他组织知道或者应当知道诉权或者起诉期限之日起计算，但从知道或者应当知道具体行政行为内容之日起最长不得超过 2 年。

复议决定未告知公民、法人或者其他组织诉权或者法定起诉期限的，适用前款规定。

c. 不知道行政机关作出的具体行政行为内容，涉及不动产的具体行政行为最长 20 年以及其他具体行政行为（非涉及不动产）最长 5 年的起诉期限情形。

该情形适用的前提是当事人不知道行政机关作出的具体行政行为内容，起诉期限从知道或应当知道该具体行政行为内容之日起计算。但是应当注意：20 年和 5 年的起诉期限是一个绝对期限，一定要在 20 年或 5 年的期限内提出诉讼，否则，法院将不予受理案件。

[资料链接]

《最高人民法院关于执行〈中华人民共和国行政诉讼法〉若干问题的解释》

第四十二条：公民、法人或者其他组织不知道行政机关作出的具体行政行为内容的，其起诉期限从知道或者应当知道该具体行政行为内容之日起计算。对涉及不动产的具体行政行为从作出之日起超过 20 年、其他具体行政行为从作出之日起超过 5 年提起诉讼的，人民法院不予受理。

2. 判断行政复议与行政诉讼的关系

（1）行政复议前置的法律规定

现行法律规定下，当事人有权选择是否先行提出行政复议再提起行政诉讼是通常的做法，必须先行提出行政复议才可提起行政诉讼只是特例，规定行政复议前置的主要法律规定包括：

1)《行政复议法》第 30 条第 1 款规定：公民、法人或者其他组织认为行政机关的具体行政行为侵犯其已经依法取得的土地、矿藏、水流、森林、山岭、草原、荒地、滩涂、海域等自然资源的所有权或者使用权的，应当先申请行政复议；对行政复议决定不服的，可以依法向人民法院提起行政诉讼。

2)《商标法》（2013 年修订）第 34 条规定：对驳回申请、不予公告的商标，商标局应当书面通知商标注册申请人。商标注册申请人不服的，可以自收到通知之日起 15 日内向商标评审委员会申请复审……当事人对商标评审委员会的决定不服的，可以自收到通知之日起 30 日内向人民法院起诉。

第 35 条规定：对初步审定公告的商标提出异议的，商标局应当听取异议人和被异议人陈述事实和理由，经调查核实后，自公告期满之日起 12 个月内作出是否准予注册的决定，并书面通知异议人和被异议人……被异议人对商标评审委员会的决定不服的，可以自收到通知之日起 30 日内向人民法院起诉。

第 54 条规定：对商标局撤销或者不予撤销注册商标的决定，当事人不服的，可以自收到通知之日起 15 日内向商标评审委员会申请复审。商标评审委员会……作出决定，并书面通知当事人……当事人对商标评审委员会的决定不服的，可以自收到通知之日起 30 日内向人民法院起诉。

3)《专利法》（2008 年修订）第 41 条规定：国务院专利行政部门设立专利复审委员会。专利申请人对国务院专利行政部门驳回申请的决定不服的，可以自收到通知之日起 3 个月内，向专利复审委员会请求复审。专利复审委员会复审后作出决定，并通知专利申请人。专利申请人对专利复审委员会的复审决定不服的，可以自收到通知之日起 3 个月内向人民法院起诉。

4)《企业法人登记管理条例》（2014 年修订）第 32 条规定：企业法人对登记主管机关的处罚不服时，可以在收到处罚通知后 15 日内向上一级登记主管机关申请复议。上级登记主管机关应当在收到复议申请之日起 30 日内作出复议决定。申请人对复议决定不服的，可以在收到复议通知之日起 30 日内向人民法院起诉。逾期不提出申诉又不缴纳罚没款的，登记主管机关可以按照规定程序申请人民法院强制执行划拨。

5)《税收征收管理法》（2013 年修正）第 88 条第 1 款规定：纳税人、扣缴义务人、纳税担保人同税务机关在纳税上发生争议时，必须先依照税务机关的纳税决定缴纳或者解缴税款及滞纳金或者提供相应的担保，然后可以依法申请行政复议；对行政复议决定不服的，可以依法向人民法院起诉。

6)《海关法》（2013 年修正）第 64 条规定：纳税义务人同海关发生纳税争议时，应当缴纳税款，并可以依法申请行政复议；对复议决定仍不服的，可以依法向人民法院提起诉讼。

7)《外汇管理条例》（2008 年修订）第 51 条规定：当事人对外汇管理机关作出的具体行政行为不服的，可以依法申请行政复议；对行政复议决定仍不服的，可以依法向人民法院提起行政诉讼。

8)《集会游行示威法》第 31 条规定：当事人对公安机关按照本法第 28 条第 2 款或者第 30 条的规定给予的拘留处罚决定不服的，可以自接到决定通知之日起 5 日内，向上一级公安机关提出申诉，上一级公安机关应当自接到申诉之日起 5 日内作出裁决；对上一级公安机关裁决不服的，可以自接到裁决通知之日起 5 日内，向人民法院提起诉讼。

9)《集会游行示威法实施条例》第 27 条规定：依照《中华人民共和国集会游行示威法》第 28 条、第 30 条以及本条例第 24 条的规定，对当事人给予治安管理处罚的，依照治安管理处罚法规定的程序，由行为地公安机关决定和执行。被处罚人对处罚决定不服的，可以申请复议；对上一级公安机关的复议决定不服的，可以依照法律规定向人民法院提起诉讼。

10)《国家安全法》第 31 条规定：当事人对拘留决定不服的，可以自接到处罚决定书之日起 15 日内，向作出处罚决定的上一级机关申请复议；对复议决定不服的，可以自接到复议决定书之日起 15 日内向人民法院提起诉讼。

11)《城市居民最低生活保障条例》第 15 条规定：城市居民对县级人民政府民政部门作出的不批准享受城市居民最低生活保障待遇或者减发、停发城市居民最低生活保障款物的决定或者给予的行政处罚不服的，可以依法申请行政复议；对复议决定仍不服的，可以依法提起行政诉讼。

12)《军品出口管理条例》（2002 年修订）第 27 条规定：军品贸易公司对国家军品出口主管部门作出的具体行政行为不服的，应当先依法申请行政复议；对行政复议决定仍不服的，可以依法向人民法院提起行政诉讼。

(2) 行政复议与行政诉讼的选择

除上述列举的行政复议前置的情形外，实践中遇到的大部分案件都不是行政复议前置案件，而是行政相对人可以选择提出行政复议或行政诉讼的情形。是否要先提起行政复议，并没有一定之规，需要根据实际情况灵活掌握。总的来说，选择先行提出行政复议要比直接提起行政诉讼手段更和缓，协商的余地也更大，如果能在行政复议中解决行政纠纷是最好的选择。但是，如果行政相对人与行政机关双方争执较大、矛盾较深，而且需要尽快解决行政纠纷，或，属于行政征收与行政处罚行为涉及收缴滞纳金的行政纠纷案件，建议直接提起行政诉讼。

3. 提示当事人预先准备身份证明文件及全部案件材料

(1) 身份证明包括：

1) 公民应预先准备居民身份证；2) 企业法人应预先准备企业法人营业执照副本；3) 事业单位法人应预先准备事业单位法人证书；4) 其他组织应预先准备营业执照或社会团体登记证。

律师对于首次接触的当事人，有必要核实当事人的身份证明，以确定是否符合行政诉讼主体资格与委托人主体资格。

(2) 案件材料包括

1) 行政机关作出的具体行政行为书面文件；2) 证明案件事实的证据；3) 涉及财产争议的，应提供财产金额与损失的计算清单；4) 其他与案件有关的材料，如当事人已搜集的法律、法规及规范性法律文件；5）案情比较复杂的，最好能有一份当事人对案件前因后果的详细书面陈述。

4. 提示当事人会议时间、地点及联络方式、交通方式

律师工作需要细致、周到，为了提高工作效率，避免浪费时间，如果是提前预约会谈的，最好能在会谈前一天将会议时间、地点及联络方式、交通方式用短信或电子邮件形式发给参会当事人；同时，对于律师本人这也是一种备忘的方法，用"与人方便，自己方便"这句话来形容非常贴切。

2.1.1.2 会谈的主要内容

1. 开场白

会谈正式开始前需要一个良好的气氛，以缓解当事人的压力与紧张情绪，减少双方之间的隔离感。如果是首次见面的当事人，主要可以简要介绍一下律师事务所的基本情况和业绩以及律师的专业背景情况，特别是代理同类案件的实务经验，这是当事人最希望了解的内容。如果是比较熟悉的当事人，可以聊一下时政新闻，对方的工作是否顺利、业务进展如何等相对轻松的话题。无论何种情况，开场白用时不宜过长，以避免给当事人律师工作散漫、效率不高的感觉。

2. 当事人的案情介绍

至少应由两名律师或者一名律师带一名律师助理共同参加会谈，对于当事人介绍案情应当倾听，介绍过程中不宜打断，除非，当事人存在表达障碍或逻辑过于混乱，律师可以考虑直接采用问答方式完成了解案情工作。

3. 律师询问

听取完当事人对案情的介绍，律师往往需要进行询问。询问有三个大忌：一是对当事人已经说清楚的问题再次询问；二是问题不着边际；三是问题散乱，缺乏逻辑性。如果出现这些问题，当事人会认为律师态度不够认真或理解能力不足。

律师询问应逻辑性较强，并抓住以下要点：

1）澄清案件事实问题，查明案件事实情况、来龙去脉、背景信息、争议情况以及目前已开展的救济行为。

2）比对事实与证据。律师在听取当事人介绍案情时就可以进行证据核对工作。

3）防止错漏。律师应提示是否还有哪些对案件有利与不利的事实情况被忽略了，向当事人阐明律师掌握全部案情的重要性。

4）提示当事人应当补充查明的事实情况与相关证据材料。对于可能需要律师出面与协助收集的证据以及需要申请法院调查取证的证据，要事先讲明。

4. 解答当事人的问题与律师提供初步意见

进入这一阶段，律师应该对案件有了基本认识，另外，当事人对于案件也存有很多问题，急于向律师请教，例如，（1）案件是否能起诉；（2）如何确定被告；（3）向哪个法院

提起诉讼，需要提供什么起诉材料，诉讼费用是多少；（4）要不要先履行行政行为确定的义务；（5）胜诉的可能性有多大；（6）委托律师代理案件有什么手续，需要签订哪些文件，律师费是多少，等等。

实际上，当事人提出的疑问通常没有标准答案，当事人不同，案件情况不同，律师的个人性格与风格也不相同。如何回答这些问题，应注意如下三点：（1）律师应当真诚。（2）律师应当有自己的"个性"，代理案件要有选择，应做到"随缘"，而不要强求合作。（3）律师说话与做事不能太绝对，应留有必要的余地。

律师在回答问题前有必要先询问一下当事人对行政争议的基本意见，例如，（1）是否已决定对争议事项提起行政诉讼，还有没有其他沟通与协商的余地；（2）对案件的结果有何考虑与打算。

通过了解当事人的基本看法，律师可以把握当事人的希望与现实之间的差距，从而评估沟通是否顺畅与双方对案件难度认识的差距。

对于有明确答案的问题，律师应予以耐心解答，而对于吃不准的问题最好告知当事人需要研究一下再作回答，或者，问题比较复杂时，将在书面分析意见中给予回答。一般情况下，当事人都能够理解并赞同律师的谨慎态度。现实生活中存在凡事大包大揽的律师与事无巨细都要留一手的律师，这两种态度与做法显然不符合真诚原则。虽然，这两种律师也会有赞同他们的客户，可能这也是一种随缘吧，尽管这种"缘"不符合"大道"的要求。

5. 确定代理行政诉讼案件收费标准

律师事务所代理行政诉讼案件的收费方式与标准，应当符合有关规定，同时与当事人协商确定，并签署委托代理协议。

6. 制作会谈纪要

律师代理行政诉讼案件，需要客观、严谨，树立证据意识，随时做好工作记录，特别是会谈纪要；对于重大、敏感的案件，有必要由会谈双方共同签署会谈纪要。

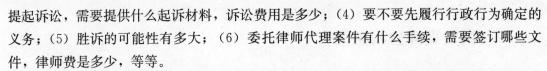

会谈纪要（样本）

时间：___年___月___日　　　　地点：_____

会见律师：_____　　被会见人：_____

在场人：_____　　　记录人：_____

主要内容：

以上内容已看过，均属实！

签署人：

　　年　月　日

图 2—1

2.1.2 撰写案件分析意见书

撰写案件分析意见书应当：归纳案件主要事实情况，提出争议问题与争议焦点，进行法律分析，制作诉讼方案与计划，提示法律风险，提供委托代理服务要点及律师费用报价，推介律师事务所的法律服务业务与树立诉讼代理律师的专业形象。

经验较少的律师往往不知道如何撰写案件分析意见书，担心写错了会给自己带来不必要的麻烦，而诉讼律师做到经验较丰富后，通常喜欢动口而不喜欢动笔，特别是想到行政诉讼中变数较多，受到各方力量的影响较大，更是不太愿意撰写案件分析意见书。这些想法并非毫无道理。然而，撰写案件分析意见书不是费力不讨好的工作，想成为一名优秀的行政诉讼律师，需要知难而上，去经受现实的考验。撰写案件分析意见书对于律师的业务能力提高乃至成功承揽案件均有非常积极的意义，一些重大的案件正是由于律师撰写的案件分析意见书分析透彻、预测准确，而赢得了当事人的认可。

2.1.2.1 准备工作

1. 整理案件主要事实

案件主要事实是对于案件定性起决定性作用的事实，包括但不限于：1）原告行为合法性的事实；2）确定被告行政行为合法性的事实；3）确定被告行政行为合理性的事实；4）被告行政行为对于原告产生影响的事实。

2. 研究相关法律规定

需要研究的相关法律规定包括：（1）被告作出行政行为依据的法律；（2）关于被告法定权限的法律规定；（3）有利于原告的法律规定；（4）关于行政行为程序的法律规定。

3. 确定基本分析观点

基本分析观点首先是对原告的行为给予客观评价，其次是对被告的行政行为定性并作出合法性与合理性分析，最后是对案件的可诉性作出判断。

［实例解析］

户外广告强拆案

案情简介

2003 年 11 月，某广告公司向北京市某区市政管理委员会提出在某区某路 2 号设置 16 块户外广告牌的申请。2003 年 11 月 18 日，某区市政管理委员会经审查作出了×政管审批（户外）字［2003］第 00490 号行政审批决定书，批准了该广告公司的申请。2003 年 11 月 28 日，经北京市工商行政管理局某区分局审批，某广告公司取得了（京×）户外广登字第 1287 号户外广告登记证，有效期自 2003 年 11 月 28 日至 2005 年 11 月 27 日。

该广告公司为了经营上述 16 块广告牌，与北京某租赁中心签订了占地合同，更投入大量资金完成了广告牌的制作、安装与招商宣传工作，并与客户签订了广告租用合同。

　　2005 年 7 月 7 日，该广告公司接到某区发展和改革委员会、某区市政管理委员会、某区市政管理监察大队、某区安全生产监督管理局四个单位联合作出的通知（第三人华电公司北京电力公司某区供电公司在该通知上也加盖了公章），责令将广告全部拆除，否则，将联合执法，强制拆除。该广告公司当即对该通知提出异议，但是，之后某区发展和改革委员会等四个单位仍进行了强行拆除。该广告公司认为具体行政行为违法，同时因此受到巨大损失，协商解决未果后，故将上述四个单位为被告，以华电公司北京电力公司某区供电公司为第三人，向某区人民法院提起行政诉讼。

　　法律分析

　　（1）当事人的户外广告属于经过合法批准，但设置不符合规划设计规定的广告，不属于未经批准设置的户外广告或者到期后未予拆除的广告。属于《北京市户外广告设置管理办法》第 29 条规定的情形，应当在批准的设置期限届满时拆除。

　　（2）通知存在的错误：

　　1）某区市政管理监察大队存在明显的适用法律错误问题。

　　2）《电力法》第 19 条规定的有权机关为当地人民政府（即某区人民政府），四被告均无相应的职权。

　　3）主要证据不足，表现为：原告的户外广告附近没有"电力设施保护区的标志"；四被告作出通知前未对原告的户外广告与附近电力设施之间的距离进行测量，也没有对于是否实际威胁电力设施安全进行调查取证。

　　4）通知所体现的联合执法行为从内容到形式、从实体法律依据到适用程序，均存在问题。

　　（3）结论：本案具有可诉性，可请求法院撤销通知、确认强制执行行为违法，并向四被告提出行政赔偿主张。

2.1.2.2　案件分析意见书的内容与格式

　　为体现律师严谨的工作态度，律师可以制作案件分析意见书，这样也可以让当事人更直观地了解案件的工作思路及法律风险。

1. 案件分析意见书的主要内容

　　（1）案件基本事实情况。（2）法律分析意见。（3）代理工作方案。

2. 案件分析意见书的通用格式范本

致：×××公司

自：北京市××律师事务所

关于：××案件之分析意见

敬启者：

　　××律师事务所（"本所"）接受×××公司（"××公司"或"贵司"）委托，就××

案（以下简称"本案"），出具以下意见供贵司参考。

一、出具本法律意见书的前提和依据

在出具本法律分析意见书前，我们听取了贵司介绍的本案情况汇，收到并审阅、分析了贵司提供的如下材料：

1. ……

2. ……

3. ……

…… ……

现根据上述案件情况，出具本分析意见书。

二、法律分析意见

（一）本案件事实情况

…… ……

（二）法律分析意见

…… ……

（三）代理工作方案

…… ……

以上分析意见仅供贵司就本案之法律问题参考使用，未经我们事先书面同意，请勿将其用于其他任何目的或对外披露。

北京市××律师事务所

律师：

年　月　日

2.1.3　建立委托代理关系

2.1.3.1　签订委托代理协议

当事人决定建立委托代理关系的，律师事务所应当与当事人签订委托代理协议，明确代理事项、代理权限以及收费等事项。

2.1.3.2　收取律师代理费用与开具发票

律师事务所收到律师费用后，应及时出具律师收费专用发票。律师需要将发票复印一份备查，将发票交付当事人时应办理交接手续。

2.1.3.3　立卷

律师事务所与当事人签订委托代理协议书正式接受案件委托后，承办律师应建立工作案卷。律师代理行政诉讼一审案件原告比较合理的立卷方法是将案卷按当事人提供的原始材料和案件材料分为两部分进行收纳。

■ 2.2　案件代理工作

2.2.1　提起诉讼

从提起诉讼这一阶段开始，律师应当树立对法院工作给予充分协助的观念。我们知道，是否同意立案的是立案庭的法官，决定案件胜负的是合议庭的法官。法官的工作负担都很沉重，一年要审结几百个案件，对于重大、疑难、复杂的案件法官还要逐级汇报，有些案件甚至需要审委会集体研究决定。法院的审理方式与特点决定了律师必须自己首先对案件所有情况有充分的了解与透彻的理解，在书面表达与口头表达中不能逻辑混乱、含混不清，也不能长篇大论、滔滔不绝。律师好的表达应是主次分明、逻辑严密、言简意赅、生动形象。知易行难，真正做到这些要求就很难了，准确、简练、生动，是律师表达水平层层递进的三个层次。

2.2.1.1　确定案件代理思路

确定案件代理思路应以行政行为的性质和状态作为基础，区分作为行政行为与不作为行政行为，以《行政诉讼法》及相关司法解释确定的对原告最为有利的判决形式作为代理目标。

1. 代理行政作为案件的主要目标在于请求法院撤销行政行为。在确定代理思路时应紧紧围绕《行政诉讼法》第 54 条规定的撤销行政行为理由：（1）主要证据不足的；（2）适用法律、法规错误的；（3）违反法定程序的；（4）超越职权的；（5）滥用职权的。

律师确定代理思路的过程就是通过对案件事实进行分析与法律定性，并与上述 5 点内容逐一进行比照，寻找被告作出的行政行为所存在问题的过程。

2. 代理行政不作为案件的主要目标在于请求法院判令行政机关履行某种职责，并作出相应的行政行为。因此，代理思路应是主要针对查明原告的自身情况与申请内容是否符合相关法律规定的条件，找到对原告有利的事实依据与法律依据。

2.2.1.2　起草行政起诉状

行政起诉状分为五部分：题目；当事人；诉讼请求；事实与理由；结尾。

撰写行政起诉状的目的在于满足法院立案需要，应实现以下功能：

（1）法院根据行政起诉状的内容，可以受理案件。行政起诉状的主要功能在于满足案件可诉性要求，所列起诉事项应当符合法定的起诉事项，诉讼请求应当与法定的案件一审判决种类相一致，所列事实与理由应和诉讼请求事项紧密相关。

（2）承办案件的法官能够通过阅读行政起诉状掌握基本事实情况、争议焦点问题与相关主要法律规定。

律师撰写行政起诉状时应根据这两方面的功能要求，合理安排起诉状的内容。总的原则是内容准确、文字易读、叙述简练，具体到行政起诉状五个组成部分的撰写，分别介绍如下：

1. 题目：行政起诉状

经常看到有的律师只是将题目写成"起诉状"，甚至有些书中的行政诉讼状范本中也节省了"行政"两个字，但准确性却出了问题，立案法官看到题目还需要继续看诉状内容，继续研究案件的性质，判断案件是行政案件还是民事案件，显然，这样对法院是个麻烦，显得律师专业性不强，对法官不便就是对立案也不利，还是应当将题目写完整，让人一目了然。

2. 当事人

（1）原告

1）自然人

原告：[姓名]，[性别]，[出生年月日]，[民族]，[籍贯]，[工作单位及职务]，现住[××省××市××区××街××号]，身份证号码[××]，联系电话[××]

（注：身份证号码：可以不写，但是准确起见，还是注明为好。联系电话：经当事人同意，可以填写律师的电话，以便于更准确地理解法院电话通知的内容与减少当事人的诉累。）

2）法人（或其他组织）

原告：[××]

法定代表人（其他组织为负责人）：[××]，　　　职务：[××]

住所：[××省××市××区××街××号]

联系电话：[××]

（2）被告

被告通常为行政机关或法律法规授权的组织，格式如下：

被告：[××]

法定代表人（其他组织为负责人）：[××]，　　　职务：[××]

住所：[××省××市××区××街××号]

联系电话：[××]

3. 诉讼请求

（1）行政作为案件的主要诉讼请求有：

1）撤销被告作出的××行政行为；

2）确认被告作出的××行政行为违法，或确认被告作出的××行政行为无效；

3）将被告作出的××行政行为由××变更为××；

4）判决被告赔偿原告人民币××元。

（2）行政不作为案件的主要诉讼请求有：

1）判令被告向原告颁发××许可证或/和××执照；

2）判令被告履行××法定职责，作出相应行政行为；

3）判令被告发给原告抚恤金人民币××元。

4. 事实与理由

一般分为两部分写：

（1）简要地将事实情况与争议的前因后果叙述一下；

（2）就提出诉讼请求的具体理由进行阐述，根据《行政诉讼法》第 54 条进行列明，叙述理由时，应先明确给出定性，再展开具体分析，例如，要求撤销行政行为的，应说明撤销的理由是以下哪一点或哪几点。

对于案件事实比较清楚且无争议，只是对于适用法律认识不同的，也可以直接将原告的理由逐一列出。

5. 结尾

结尾包括四部分内容：

（1）总结

综上所述，由于被告作出的××行政行为存在××问题，依法应予以××，请求贵院依法支持原告的全部诉讼请求。

（2）此致

××人民法院

（3）具状人：××××

××××年××月××日

（4）附：本起诉状副本××份、证据目录及证据××套。

[示范文本]

行政起诉状

原告：北京××广告有限公司

住所：　　　　邮政编码：

营业执照号码：　　　电话：

法定代表人：　　　职务：

被告一：北京市××区发展和改革委员会

住所：　　　　邮政编码：

电话：

法定代表人：　　　，职务：

被告二：北京市××区市政管理委员会

住所：　　　　邮政编码：

电话：

法定代表人：　　　，职务：

被告三：北京市××区市政管理监察大队

住所： 邮政编码：

电话：

法定代表人： ，职务：

被告四：北京市××区安全生产监督管理局

住所： 邮政编码：

电话：

法定代表人： ，职务：

第三人：华电公司北京电力公司××区供电公司

住所： 邮政编码：

电话：

法定代表人： ，职务：

诉讼请求：

1. 判决撤销四个被告于 2005 年 7 月 7 日对原告作出的通知；

2. 判决四个被告于 2005 年 7 月 8 日对原告户外广告牌的拆除行为违法；

3. 判决四个被告共同赔偿原告经济损失人民币 万元；

4. 本案的全部诉讼费用由四个被告共同承担。

事实和理由：

2003 年 11 月，原告向第二被告提出在某区东环北路 2 号设置 16 块户外广告牌的申请。2003 年 11 月 18 日，第二被告经审查作出了某区政管审批（户外）字［2003］第 00490 号行政审批决定书，批准了原告的申请。2003 年 11 月 28 日，经北京市工商行政管理局某区分局审批，原告取得了（京×）户外广登字第 1287 号户外广告登记证，有效期自 2003 年 11 月 28 日至 2005 年 11 月 27 日。

原告为了经营上述 16 块广告牌，与北京某租赁中心签订了占地合同，更投入大量资金完成了广告牌的制作、安装与招商宣传工作，并与客户签订了广告租用合同。

2005 年 7 月 7 日，原告接到四个被告作出的通知（第三人在该通知上也加盖了公章），责令"你公司（原告）于 2005 年 7 月 8 日 12 时前将你公司设在东环北路 2 号（北京某租赁中心）北院墙内和西院墙内的 16 块广告全部拆除。否则有关部门将联合执法，强制拆除"。原告当即对该通知提出异议，但是，四个被告仍于 2005 年 7 月 8 日对原告的 16 块广告牌进行了强行拆除。

四个被告所作通知及强制拆除原告户外广告牌的行为存在以下错误：

1. 主要证据不足

四个被告在作出通知及拆除原告户外广告牌时，没有任何证据证明原告的户外广告违反法律、法规。

2. 适用法律、法规错误

四个被告在通知中认定原告的户外广告属非法广告于法无据，如前所述，原告的户外

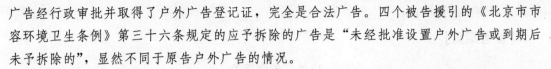

广告经行政审批并取得了户外广告登记证，完全是合法广告。四个被告援引的《北京市市容环境卫生条例》第三十六条规定的应予拆除的广告是"未经批准设置户外广告或到期后未予拆除的"，显然不同于原告户外广告的情况。

3. 违反法定程序

四个被告在向原告作出通知到强制拆除原告户外广告相距不足一天，在此期间，四个被告没有听取原告的辩解，没有通知原告有申请听证的权利，也未就强制拆除行为作出书面决定，更未就原告的损失补偿与赔偿问题与原告进行协商，甚至在强制拆除原告广告牌时都没有通知原告到场，严重违反有关行政程序的规定。

4. 超越职权

根据我国电力法律、法规规定，对危及电力设施安全的设施强令拆除的权力由当地人民政府行使，本案中，四个被告均无权拆除原告的户外广告，它们的强制拆除行为属于超越职权的行为。

综上所述，四个被告所作通知及强制拆除行为属于主要证据不足，适用法律、法规错误，违反法定程序、超越职权的行政行为，依法应予以撤销。鉴于四个被告的违法行政行为给原告造成了巨大损失，请求贵院依法支持原告的全部诉请，维护原告的合法权益。

此致

北京市某区人民法院

原告：北京××广告有限公司

法定代表人：＿＿＿＿＿＿（签字）

2005 年 7 月 19 日

附：1. 本起诉状副本五份；
　　2. 证据材料一式六份。

2.2.1.3 编制证据目录与证据材料

1. 法定应由原告举证的事项

（1）证明起诉符合法定条件，但被告认为原告起诉超过起诉期限的除外；

（2）在起诉被告不作为的案件中，证明其提出申请的事实；

（3）在一并提起的行政赔偿诉讼中，证明因受诉行为侵害而造成损失的事实；

（4）其他应当由原告承担举证责任的事项。

2. 律师运用举证责任倒置的原则应符合实际需要

行政诉讼案件基本举证原则是举证责任倒置，即应当由被告提交证明作出行政行为事实的全部证据及法律依据。那么原告是不是就无须举证了呢？实践证明，原告代理律师不是只依靠查找被告证据中的缺陷就能取得胜诉，对证据的认定主观性很强，认定一个事实证据是否充分，经常是一个见仁见智的问题。律师在代理原告一审案件时，有必要对有争议的主要事实进行取证。

[参考案例]

户外广告强拆案

本案中，被告提出原告的广告牌对第三方电力公司的输电线路构成安全隐患。从被告提供的相片证据看，似乎原告的广告牌离高压线近在咫尺，但只有到现场调查，才能发现，这只是拍摄角度造成的，实际上两者之间相距并没那么近，且只有两块广告牌与电线较近，其他广告牌对电线没有任何妨碍。同时，到了现场才发现电力公司的输电线路没有悬挂任何警示标志，从而证明原告设置广告不存在主观过错。这时，原告的律师确有必要就现场状况进行取证，将现场全景与细节进行摄影、摄像，并就广告牌与输电线路之间的距离进行测量后一并提交法庭。此外，究竟是谁将原告的广告牌拆除的，也成了案件争议的事实焦点。被告与第三人均不承认拆除行为是自己作出的，这时，原告律师收集与提交的拆除现场录音、证人证言以及拆除物品保存在被告库房的照片证据有力地驳斥了被告的狡辩言论。

3. 证据目录及格式

证据目录的编写与律师办案工作的质量密切相关。为了使律师的办案流程更顺畅，思路更清晰，证明目的更明确，证据目录是将案件化繁为简的重要表现形式。证据目录的编写以表格形式为主，如以表格编写有困难，则视情况而定。严格意义上讲，完整的证据目录包括证据编号、证据名称、页数、证明目的、证据来源、页码六部分。值得注意的是，如果目录提交人是公民个人的，签字即可；如果目录提交人是法人或其他组织的，应加盖公章。

[参考案例]

户外广告强拆案

证据目录

证据编号	证据名称	页数	证明目的	证据来源	页码
证据一	通知	2	证明被告认为原告行为违法，故向原告作出具体行政行为	被告	1—2
证据二	×政管审批（户外）字［2003］第00490号行政审批决定书	1	证明原告的行为依法审批，行为合法	被告	3
证据三	（京×）户外广登字第1287号户外广告登记证	1	证明原告的行为合法，并取得合法的登记证明	被告	4
证据四	损失计算说明及附件	1	证明原告因被告的行为受到的损失明细	原告	5
证据五	原告户外广告残骸存放地点照片	2	证明原告因被告的行为受到损失	原告	6—7
证据六	拆除当天录音及文字摘要	2	证明强制拆除原告的广告牌是被告的行为	原告	8—9

提交人：××广告有限公司

××××年××月××日

2.2.1.4　准备其他立案手续材料

1. 授权委托书

授权委托书中最重要的是委托权限问题，选择一般授权还是特别授权，首先应尊重当事人的意见，并且要与委托代理协议中的约定一致。

从律师代理工作便利的角度选择特别授权最为方便，但相应地，律师承担的任务与责任也更为重大。

特别授权的代理人可以就被代理人以下实体权利作出处分，包括：代为承认、放弃、变更诉讼请求，进行和解，提出上诉。在具体操作中，授权委托书代理权限中除写明"特别授权"字样，仍需要将上述分项内容一一列举。

如果是一般授权，则可以在授权委托书代理权限中直接写明一般授权即可。

2. 原告法定代表人（单位负责人）身份证明

法定代表人（单位负责人）身份证明实际上是原告对于单位法定代表人或负责人的自我证明。

（1）法定代表人身份证明书格式如下：

法定代表人身份证明书

××先生/女士在我公司任××职务，是我公司的法定代表人。

特此证明。

证明单位：×××

日期：××××年××月××日

附：

法定代表人地址：

电话：

图 2—2

（2）单位负责人身份证明书格式如下：

单位负责人身份证明书

××先生/女士在我单位任××职务，是我单位的负责人。

特此证明。

证明单位：×××

日期：××××年××月××日

附：

单位负责人地址：

电话：

图 2—3

3. 原告居民身份证复印件或企业/事业法人营业执照副本复印件

原告为自然人的，应提供其本人居民身份证复印件，居民身份证正反面应复印在同一张纸的同一面上。

原告为企业或其他组织的，应提供企业/事业法人营业执照副本或社团登记证复印件，应包括年检页，并加盖公章。

4. 被告及第三人组织机构代码查询文件

为了证明被告与第三人的主体适格，有的法院要求立案时原告需提供被告及第三人组织机构代码查询文件。

组织机构代码是国家质量技术监督部门根据国家标准编制，并赋予每一个机关、事业单位、企业、社会团体、民办非企业单位和其他机构的全国范围内唯一的、终身不变的法定标识，覆盖所有单位（包括法人和非法人以及内设机构），是连接政府各职能部门之间的信息管理系统的桥梁和不可替代的信息传输纽带。在我国组织机构代码是由质量技术监督部门负责管理的，组织机构代码证也是由质量技术监督部门颁发的，所以应到当地质量技术监督部门查询，也可以在网上查询：http：//www.nacao.org.cn。

2.2.2 法院立案

将全部诉讼材料都准备齐全后，就可以继续完成法院立案工作。考虑到可能遇到的各种问题与障碍，办理法院立案工作宜早不宜迟，立案前应充分了解法院的工作时间与受理案件流程及特殊规定，提前做好充分准备。

2.2.2.1 提交起诉材料

法院行政诉讼案件受理与立案比较慎重，一般情况下，提交起诉材料后，法院不会当时作出立案决定，而是接收起诉材料后往往需要进行审查，并在法定的7日内立案或者裁定不予受理。当然，现实中，也存在法院接收起诉材料后长期不作出处理的情况，因此，律师代理提交起诉材料必须要注意取得法院收取材料的相关证明，以确当事人的保诉权不会丧失。

2.2.2.2 缴纳诉讼费用

2007年4月1日起施行的《诉讼费用交纳办法》第13条第5项规定：行政案件按照下列标准交纳：（1）商标、专利、海事行政案件每件交纳100元；（2）其他行政案件每件交纳50元。

2.2.2.3 证据提供

1. 举证期间

行政诉讼案件一审法院根据案件的情况决定举证期间，如果案件简单，法院会告知原、被告双方在开庭审理前交换证据；如果案情复杂，证据较多，法院会指定一个时间交换证据。

[资料链接]

《最高人民法院关于行政诉讼证据若干问题的规定》

第七条：原告或者第三人应当在开庭审理前或者人民法院指定的交换证据之日提供证据。因正当事由申请延期提供证据的，经人民法院准许，可以在法庭调查中提供。逾期提供证据的，视为放弃举证权利。

原告或者第三人在第一审程序中无正当事由未提供而在第二审程序中提供的证据，人民法院不予接纳。

律师代理原告行政诉讼一审案件时对举证期间的掌握可以参照以下原则处理：

（1）立案时与起诉状一并提出。对于原告负有法定举证责任的证据（参见2.2.1.3）应在向法院申请立案与提交行政起诉状时一并提出，以便于法院立案时审查，顺利立案。

（2）法院规定的举证期间内提交。原告法定举证责任的证据以外的其他证据，应在法院规定的举证期间内提交。

（3）法院没有规定举证期间，但是规定了证据交换日的，原告应在证据交换日提交其他证据。

（4）如果法院既没有规定举证期间，又没有规定证据交换日的，原告最迟应在开庭前提交其他证据。

律师在证据交换前，可以先询问一下承办法官是否需要带证据原件，以及证人、鉴定人是否需要同时参与证据交换，以避免被动。因为，有的法院要求或法官本人习惯在交换证据时一并进行原件核对乃至完成全部质证工作。

2. 原告的举证责任

行政诉讼中的举证责任由被告承担，是一项基本原则，也被称为举证责任的倒置。然而，确定由被告承担举证责任，并不表示行政诉讼中的原告没有举证责任。原告所承担的举证责任主要有以下几种：

（1）原告对自身损害事实和与具体行政行为的因果关系承担举证责任。在行政诉讼中，往往原告要求被告对自身发生的损害予以赔偿，而损害赔偿问题本质上属于民事法律关系，因此应采取民事诉讼的有关原则，由原告承担损害事实、损害同具体行政行为之间的因果关系、损伤程度及赔偿依据等方面的举证责任。如果原告举证不能，也要承担对自身不利的法律后果。

如户外广告强拆案中，原告提出证据四，目的是证明因被告的具体行政行为而受到的损失，所以，应由原告承担举证责任。

（2）原告对行政机关对其作出具体行政行为的事实承担举证责任。具体行政行为通常采取书面形式，但也有违反程序采用口头形式的，如有的罚款没有出具处罚通知书，有的不开收据。如果原告提供不出证据证明该具体行政行为的存在，一旦实施这一行为的行政工作人员否认这一事实，原告也就失去了符合法院受理条件的证据，法院就不能立案受理，因此，原告有责任提供具体行政行为存在的证据以确保法院能够立案受理。

（3）原告可以积极提供证据来反驳被诉具体行政行为的合法性。虽然原告对具体行政行为的合法性不承担举证责任，不提供相关证据也不影响法院对该具体行政行为合法性的判决，但原告如能发挥主观能动性，尽最大努力提供证明具体行政行为合法的反证，对于其主张的成立及证明具体行政行为的违法将产生积极作用。

3. 证据目录

参见 2.2.1.3 项中证据目录及格式。

4. 证据保全申请

行政诉讼中，当证据可能灭失或以后难以取得时，法院可依法对证据加以保护和固定，实施证据保全行为。

证据保全主要依据当事人申请而启动。在行政诉讼中，证据保全申请应符合如下要求：

（1）当事人在证据可能灭失或者以后难以取得的情况下，可以向法院申请保全证据。保全证据的申请应在举证期限届满前向法院提出。

（2）当事人应以书面形式向法院申请证据保全，在该申请书中，需详细列明证据名称、所在地点、证据保全的内容和范围、证据和案件事实之间的联系及申请证据保全的理由等事项。

（3）法院可要求证据保全申请人提供相应担保。

（4）证据保全申请的主体是当事人，包括原告、被告、诉讼第三人，非当事人的其他诉讼参与人，如诉讼代理人、鉴定人、翻译人等无权申请证据保全。

[资料链接]

《中华人民共和国行政诉讼法》

第三十六条：在证据可能灭失或者以后难以取得的情况下，诉讼参加人可以向人民法院申请保全证据，人民法院也可以主动采取保全措施。

《最高人民法院关于行政诉讼证据若干问题的规定》

第二十七条：当事人根据行政诉讼法第三十六条的规定向人民法院申请保全证据的，应当在举证期限届满前以书面形式提出，并说明证据的名称和地点、保全的内容和范围、申请保全的理由等事项。

当事人申请保全证据的，人民法院可以要求其提供相应的担保。

法律、司法解释规定诉前保全证据的，依照其规定办理。

第二十八条：人民法院依照行政诉讼法第三十六条规定保全证据的，可以根据具体情况，采取查封、扣押、拍照、录音、录像、复制、鉴定、勘验、制作询问笔录等保全措施。

人民法院保全证据时，可以要求当事人或者其诉讼代理人到场。

[示范文本]

户外广告强拆案

证据保全申请书

申请人：北京××广告有限公司

法定代表人：李四，职务：董事长

住所：北京市××区南大街 3 号

电话：5159××××

被申请人：北京市××区市政管理监察大队

法定代表人：张三，职务：大队长

地址：北京市××区解放路 56 号

电话：6968××××

请求事项：

请求人民法院依法对扣留于被申请人处的申请人的 16 块广告牌残骸采取证据保全。上述证据具体存放地址为：北京市××区××镇……

事实和理由：

申请人诉北京市××区发展和改革委员会、北京市××区市政管理委员会、北京市××区市政管理监察大队、北京市××区安全生产监督管理局、华电公司北京电力公司××供电公司行政诉讼一案现正由贵院审理。

鉴于，被申请人在答辩状中否认强制拆除申请人 16 块广告牌的事实；

鉴于，申请人被拆除的广告牌残骸仍由被申请人扣留的事实。

为了查明本案事实、防止被申请人转移、隐匿、毁灭上述物品，申请人特向贵院提出上述申请，请求贵院依法予以核准。

此致

北京市××区人民法院

申请人：北京××广告有限公司

法定代表人：

2005 年 8 月 24 日

5. 调取证据申请

一般情况下，法院在行政诉讼中是无须调查取证的。但因客观原因使其不能自行收集证据的，原告或第三人才可以向法院提出调取证据申请。我国《行政诉讼法》的证据体制采用了当事人主义为基础并同职权主义相结合的原则。

[资料链接]

《最高人民法院关于执行〈中华人民共和国行政诉讼法〉若干问题的解释》

第二十九条：下列情形之一的，人民法院有权调取证据：

（一）原告或者第三人及其诉讼代理人提供了证据线索，但无法自行收集而申请人民法院调取的；

（二）当事人应当提供而无法提供原件或者原物的。

《最高人民法院关于行政诉讼证据若干问题的规定》

第二十二条：根据行政诉讼法第三十四条第二款的规定，有下列情形之一的，人民法院有权向有关行政机关以及其他组织、公民调取证据：

（一）涉及国家利益、公共利益或者他人合法权益的事实认定的；

（二）涉及依职权追加当事人、中止诉讼、终结诉讼、回避等程序性事项的。

第二十三条：原告或者第三人不能自行收集，但能够提供确切线索的，可以申请人民法院调取下列证据材料：

（一）由国家有关部门保存而须由人民法院调取的证据材料；

（二）涉及国家秘密、商业秘密、个人隐私的证据材料；

（三）确因客观原因不能自行收集的其他证据材料。

人民法院不得为证明被诉具体行政行为的合法性，调取被告在作出具体行政行为时未收集的证据。

第二十四条：当事人申请人民法院调取证据的，应当在举证期限内提交调取证据申请书。

调取证据申请书应当写明下列内容：

（一）证据持有人的姓名或者名称、住址等基本情况；

（二）拟调取证据的内容；

（三）申请调取证据的原因及其要证明的案件事实。

第二十五条：人民法院对当事人调取证据的申请，经审查符合调取证据条件的，应当及时决定调取；不符合调取证据条件的，应当向当事人或者其诉讼代理人送达通知书，说明不准许调取的理由。当事人及其诉讼代理人可以在收到通知书之日起三日内向受理申请的人民法院书面申请复议一次。

人民法院应当在收到复议申请之日起五日内作出答复。人民法院根据当事人申请，经调取未能取得相应证据的，应当告知申请人并说明原因。

第二十六条：人民法院需要调取的证据在异地的，可以书面委托证据所在地人民法院调取。受托人民法院应当在收到委托书后，按照委托要求及时完成调取证据工作，送交委托人民法院。受托人民法院不能完成委托内容的，应当告知委托的人民法院并说明原因。

第七十八条：对应当协助调取证据的单位和个人，无正当理由拒不履行协助义务的，依照行政诉讼法第四十九条第一款第（五）项的规定追究其法律责任。

[示范文本]

户外广告强拆案
调取证据申请书

申请人：北京××广告有限公司

法定代表人：李四，职务：董事长

住所：北京市××区南大街 3 号

电话：5159××××

被申请人：北京市××区市政管理监察大队

法定代表人：张三，职务：大队长

地址：北京市××区解放路 56 号

电话：6968××××

请求事项：

请求人民法院依法调取扣留于被申请人处的申请人的 16 块广告牌残骸证据。上述证据具体存放地址为：北京市××区××镇……

事实和理由：

申请人诉北京市××区发展和改革委员会、北京市××区市政管理委员会、北京市××区市政管理监察大队、北京市××区安全生产监督管理局、华电公司北京电力公司某供电公司行政诉讼一案现正由贵院审理。

鉴于，被申请人在答辩状中否认强制拆除申请人 16 块广告牌的事实；

鉴于，申请人被拆除的广告牌残骸仍由被申请人扣留的事实。

为了查明本案事实真相，根据《最高人民法院关于行政诉讼证据若干问题的规定》第二十三条之规定，申请人特向贵院提出上述申请，请求贵院依法予以核准。

此致

北京市××区人民法院

申请人：北京××广告有限公司

法定代表人：

2005 年 8 月 24 日

6. 延期举证申请

延期举证是指当事人在举证期限内提交证据材料确有困难的，可以申请延期举证。申请延期举证要经过法院准许，事由是不可抗力或其他不可控制的客观情况。

[资料链接]

《最高人民法院关于行政诉讼证据若干问题的规定》

第七条（第一款）：原告或者第三人应当在开庭审理前或者人民法院指定的交换证据之日提供证据。因正当事由申请延期提供证据的，经人民法院准许，可以在法庭调查中提供。逾期提供证据的，视为放弃举证权利。

[示范文本]

户外广告强拆案

延期举证申请

申请人：北京××广告有限公司

法定代表人：李四，职务：董事长

住所：北京市××区南大街 3 号

电话：5159××××

请求事项：

请求贵院对本案原告的举证期限予以延期一个月的时间（至 2005 年 9 月 28 日）。

事实和理由：

申请人诉北京市××区发展和改革委员会、北京市××区市政管理委员会、北京市××区市政管理监察大队、北京市××区安全生产监督管理局、华电公司北京电力公司某供电公司行政诉讼一案现正由贵院审理。

鉴于，被申请人在答辩状中否认强制拆除申请人 16 块广告牌的事实，申请人拟对强拆现场人员进行调查取证工作，该工作需要较多时间，无法在贵院规定的举证期限内完成，为证明本案事实真相，根据《最高人民法院关于行政诉讼证据若干问题的规定》第七条之规定，申请人特向贵院提出上述申请，请求贵院依法予以核准。

此致

北京市××区人民法院

申请人：北京××广告有限公司

法定代表人：

2005 年 8 月 24 日

2.2.3 代理出庭工作

2.2.3.1 庭前准备工作

（1）检查手中的案卷材料是否齐备。

（2）检查出庭函、律师证原件及复印件是否带好。

（3）对于原告、原告旁听人员及证人进行提示：1）开庭时间、地点、交通方式；2）带好原告居民身份证及复印件；3）出庭及旁听开庭应当遵守法庭纪律注意事项。

2.2.3.2 法庭的回避

当事人及其法定代理人在诉讼中，发现审判人员（执行人员）具有下列情形之一的，有权要求他们回避：

（1）是本案的当事人或者与当事人有直系血亲、三代以内旁系血亲及姻亲关系的；

（2）本人或者其近亲属与本案有利害关系的；

（3）担任过本案的证人、鉴定人、勘验人、辩护人、诉讼代理人的；

（4）与本案的诉讼代理人、辩护人有夫妻、父母、子女或者同胞兄弟姐妹关系的；

（5）本人与本案当事人之间存在其他利害关系，可能影响案件公正处理的。

凡在一个审判程序中参与过本案审判工作的审判人员，不得再参与本案其他程序的审判。当事人可以据此申请其回避。

2.2.3.3　法庭调查中的工作

1. 宣读行政起诉状或简要进行说明

主审法官审理案件习惯一般不同，有的法官希望原告将全部行政起诉状一字不漏地朗读一遍，有的法官则认为简要说明起诉状的内容即可，律师应适应主审法官的要求，对起诉状事实理由及诉讼请求进行陈述。此外，由于案件复杂程度及审理时间的限制，律师需根据实际情况决定陈述的繁简。不过，简要说明不代表简单，对律师的能力要求反而更高，如果律师庭前对案情没有充分了解，就无法在非常有限的时间里对复杂的案情进行总结、归纳。可见，简要说明更能考验律师化繁为简与举重若轻的能力。

2. 认真听取被告的答辩意见，看其答辩的内容是否与答辩状相比有变化

在听取被告答辩的同时，注意以下三点内容。

（1）分析被告的观点是否有事实依据；

（2）与答辩状不同之处往往是被告的软肋；

（3）分析被告的论述是否前后一致、逻辑是否严密。

3. 认真倾听第三人的意见

第三人一般不会提前提交书面意见，因此，庭审中需要认真倾听第三人的意见，分析第三人的观点的倾向性，总结对原告有利与不利的观点。

4. 随时观察审理法官反应与法庭气氛变化

开庭是原、被告双方博弈的过程，不断发生新的变化，律师应随时观察审理法官的反应，看其是否充分领悟了己方的重要观点，对于己方提出的主要事实是否予以充分的重视。法庭气氛也往往会存在此消彼长的变化，律师应保持足够的敏感，适时调整诉讼节奏与策略，以保持优势或扭转劣势。

5. 举证

原告举证即举出证据并说明证明事项与目的。举证时，对于书面证据应特别向法庭指出重点内容。

6. 质证

质证是指当事人、诉讼代理人及第三人在法庭的主持下，对当事人及第三人提出的证

据，就其真实性、合法性、关联性以及证明力的有无、大小予以说明和质询的过程。

（1）原告对行政机关证据的质证以行政机关的举证为前提，行政诉讼的举证责任在被告一方。对于被告所举的证据和法院调取的证据，原告逐一质证，提出反证，双方展开充分辩论。

（2）基本质证规则。证据应当具备"三性"（真实性、关联性、合法性），质证活动应围绕证据的"三性"展开。

1）只认可真实的证明材料。可以从证据上否认对自己不利的复印件、传真件等书证的效力；可以否认被告的利害关系人出具的证据的效力；对于有疑义的证据，可以申请司法鉴定，以确认其真实性。

2）认可与案件存在逻辑关系的证明材料。证据所证明的内容必须与案件有关，否则不会被采纳。司法实践中很多当事人提交的证据虽然客观上与案件存在联系，但单一的证据很难被认定为存在逻辑关系。

3）认可来源合法的证据。质证时可要求对方说明证据来源，对于违法取得的证据，因其真实性本身存疑且取得程序违反法律规定，不予认可。

2.2.3.4 法庭辩论中的工作

律师辩论时首先要明白的是大部分的法官到辩论阶段已经对案件有了基本的认识和观点，辩论阶段时间紧、任务重，还要方便书记员的记录，因此，辩论语言要非常平实，直指问题核心；同时，内容要有理、有利、有节，以巩固我方观点在法官心中的影响地位。

2.2.3.5 当事人最后陈述

法院审理行政诉讼案件的程序中设定当事人最后陈述程序，是为了给当事人发表对案件处理的最终意见，原告常见的答复方式为："坚持原告的诉讼请求，请法庭予以支持。"

当然，律师感觉对前面审理过程中没有引起法庭足够重视的观点，或者，遗漏的或新想到的重要问题，或者，对案件审理过程需要表达的意见，在此时，可以简明扼要、态度鲜明地提出来。当案件重大、复杂，合议庭花费了较多时间与精力完成庭审工作的情况时，也可表达对合议庭工作的赞许，但要注意，感谢应出于真心，点到为止，不要太过。

2.2.3.6 庭审记录与庭审笔录

1. 庭审记录

庭审记录是律师在开庭时对庭审情况及重要事项的工作记录。开庭时最好能由律师事务所派两人出庭，便于记录与相互配合。庭审记录的重点在于对方的质证意见以及辩论的主要观点，特别是错误的观点与自相矛盾的陈述。

2. 庭审笔录签署

庭审笔录是法庭书记员对于案件审理过程与内容的记录，具有法律证明效力。

庭审结束后，律师需要审阅与签署法庭庭审记录，律师一定要认真审阅，对于错误与可能产生歧义的内容，应立即进行修正，并在修正处签名。对于庭审记录的签署，法院的要求不尽相同，比较正规的做法是要求各方当事人在每页记录签字并在最后一页签署日期（包括年、月、日）；也有很多法院只要求签署最后一页并签署日期，遇到这种情况时律师仍可以对每页进行签署。

2.2.4　庭后工作

通过开庭，律师对案件各方的意见可谓知己知彼，对于法庭的态度与观点也有了充分的认识，对于庭审中发现的新问题需要予以解决。开庭后，律师的代理工作并没有结束，需要及时向当事人汇报案件存在的问题与研究对策。

2.2.4.1　庭审情况汇报

无论当事人是否参加或旁听了法院开庭，尽职的律师最好都向当事人提交一份书面的庭审情况汇报，对案件焦点问题、难点问题以及原告方的风险予以说明，供原告参考与备查。律师工作应随时体现其价值，对自己负责，对当事人负责。

2.2.4.2　补充新的证据及资料

在案件审理中，法庭经常会就某些事实问题或程序问题要求当事人补充相关证据或资料，另外，原告方也会就争议的事实与法律有补充相应证据的需要，庭审中，律师应及时向法庭进行申请。在庭后，律师应协助当事人尽快查找与组织证据和资料，依据法庭规定的时间及时提交。

2.2.4.3　撰写并提交代理意见

很多律师只是将代理意见作为一个补充文件，想当然地认为法庭已经对我方的观点全部理解了。然而，实际情况远非如此：语言是存在沟通障碍的，交流是有歧义的，更不用说理解不等于接受。其实，与行政起诉状相比，代理意见是更为重要的诉讼武器，其中体现出律师代理工作的全部精华。分析透彻、论理充分、依据精准的代理意见完全有可能被法院在判决中予以引用。

[示范文本]

户外广告强拆案

代理意见

尊敬的审判长、审判员：

我们是北京市××律师事务所律师，受本案原告北京××广告有限公司的委托，担任其诉北京市××区发展和改革委员会、北京市××区市政管理委员会、北京市××区城市管理监察大队、北京市××区安全生产监督管理局与华电公司北京电力公司××供电公司行政诉讼案件代理人，现就本案发表如下代理意见，供合议庭参考。

四个被告所作通知及强制拆除原告户外广告牌的行为属于主要证据不足，适用法律、法规错误，违反法定程序、超越职权的行政行为，具体错误表现为：

一、四个被告作出的《通知》属于违法作出的行政行为

（一）原告的户外广告经合法审批并拥有行政审批证书属于合法广告，四个被告认定该广告是非法广告、应立即拆除，不符合法律规定。

被告认为原告的户外广告设置不符合审批要求，属于非法广告，应立即拆除，该认定存在明显错误。因为《通知》依据的《北京市市容环境卫生条例》第三十六条规定的非法广告是"未经批准设置户外广告或到期后未予拆除的广告"，而原告的户外广告是经审批设置且未到期的广告。原告的广告设置于 2003 年 11 月份，批准期限届满日为 2005 年 11 月 27 日。四个被告没有证据证明原告的户外广告不符合审批规定，即使该广告存在设置不符合规划的问题，也应适用 2004 年 10 月 1 日起施行的《北京市户外广告设置管理办法》第二十九条规定"本办法施行前，已建成的户外广告设施不符合规划设置要求的，应当在批准的设置期限届满拆除"。四个被告在该广告审批期限届满前强令原告拆除广告不符合上述法律规定。

（二）四个被告认定原告的户外广告设置妨碍第三人的电力设施安全、应立即拆除，缺乏事实与法律依据，同时超越职权。

（1）原告的户外广告设置在电力设施旁边是由行政机关错误的审批行为造成的，原告对此没有过错。

原告设置户外广告依据的是市政管理委员会的审批决定书与工商局的户外广告登记证。原告的户外广告设置在电力设施保护区内是市政管理委员审批的结果，此外，第三人的电力设施没有设立保护区标识，原告作为一家广告公司没有权力，也没有能力对此予以审查。

（2）本案四个被告无有任何证据证明被告的户外广告危及第三人的电力设施安全。

四个被告认定原告的户外广告妨碍了第三人的电力设施安全，却没有举出任何证据证明第三人电力设施是什么、保护范围有多大，审批规定的广告设置地点是否在电力设施保护区内，原告西面的广告距离该电力设施究竟有多少米，北面的广告跟第三人的电力设施有何关系。可见，四个被告作出《通知》的行为明显证据不足。

（3）四个被告认定基本事实错误。

由于四个被告作出行政处罚之前并未依法调查取证，也未听取原告的陈述与辩解，因此他们所作《通知》认定基本事实存在严重错误。本案原告的广告牌共计 16 块，分西、北两面设置，西面的广告与第三人的电力设施相邻，而北面的广告远离第三人的电力设施，根本不可能危及电力设施安全。四个被告并未分清上述事实，要求原告将全部广告拆除显属认定事实错误。

（4）本案四个被告没有责令原告拆除户外广告的行政职权。

《中华人民共和国电力法》第六十九条规定："违反本法第五十三条规定，在依法划定的电力设施保护区内修建建筑物、构筑物或者种植植物、堆放物品，危及电力设施安全的，由当地人民政府责令强制拆除、砍伐或者清除。"依据上述法律规定，即使原告的户外广告危及第三人的电力设施安全，作出责令强制拆除的行政主体也只能是××区人民政府，本案四个被告无相应的职权，其所作《通知》属于超越职权的行为。

（三）通知行为违反法定程序。

《中华人民共和国行政许可法》第八条规定："公民、法人或者其他组织依法取得的行政许可受法律保护，行政机关不得擅自改变已经生效的行政许可。行政许可所依据的法律、法规、规章修改或者废止，或者准予行政许可所依据的客观情况发生重大变化的，为了公共利益的需要，行政机关可以依法变更或者撤回已经生效的行政许可。由此给公民、法人或者其他组织造成财产损失的，行政机关应当依法给予补偿"。

四个被告在向原告作出通知到强制拆除原告户外广告相距不足一天，在此期间，四个被告没有听取原告的辩解，也未就强制拆除行为作出书面决定，更未就原告的损失补偿与赔偿问题和原告进行协商，甚至在强制拆除原告广告牌时都没有通知原告到场，严重违反有关行政程序的规定。

二、原告的户外广告被本案四个被告拆除，该拆除行为属于违法的行政强制执行行为

1. 四个被告强制拆除了原告的户外广告，这是毋庸置疑的事实。

（1）四个被告在《通知》中明确告知"责令你公司于2005年7月8日12时前将你公司设在东环北路2号（北京××租赁中心）北院墙内和西院墙内的16块广告全部拆除。否则有关部门将联合执法，强制拆除"。上述文字充分表明了四个被告准备强制拆除原告户外广告的意思表示。

（2）在拆除原告的户外广告时，四个被告全部在场进行指挥与调度，虽然具体拆除行为由北京北方××设施有限公司工人具体完成，但该拆除行为贯彻的是本案四个被告的意志，属于对行政行为的执行。

（3）原告的户外广告设置在北京××租赁有限公司的院内，没有四个被告的命令，旁人根本无权进入该院，更不可能拆除原告的户外广告。

（4）被拆除的广告残骸至今仍被扣留在本案第三被告北京市××区城市管理监察大队的库房内，如果不是本案四个被告的行政强制行为，没有人有权将原告的物品扣留在城市管理监察大队的库房。

（5）本案第二被告北京市××区市政管理委员会对拆除现场进行了全程录像，但在本案庭审中拒不出示，并声称该录像已误删，因此应由四个被告对强制拆除行为的事实承担举证不能的责任。

2. 四个被告的强制拆除行为属于违法的行政强制执行行为。

（1）如前所述，四个被告拆除原告户外广告依据的《通知》即为违法行政行为。

（2）四个被告在向原告作出通知到强制拆除原告户外广告相距不足一天，在此期间，四个被告没有听取原告的辩解，没有通知原告有申请听证的权利，也未就强制拆除行为作

出书面决定，更未就原告的损失补偿与赔偿问题和原告进行协商，甚至在强制拆除原告广告牌时都没有通知原告到场，严重违反有关行政程序的规定。

（3）四个被告并不具有强制拆除的行政强制执行权力。

综上所述，我们认为：四个被告通知与拆除原告户外广告的行为属于违法行为，请求法庭对我们的代理意见予以采纳并依法支持原告的上诉请求。

北京市××律师事务所

律师：

2005 年 9 月 1 日

2.2.4.4 接收法院判决或裁定

法院一般情况下，应当在立案之日起 3 个月内作出第一审判决，作出判决与裁定的方式一般分为以下几种：第一种，当庭宣判：很少见。第二种，庭后合议后择日宣判：比较常见。第三种，庭后判决后不宣判，通知各方当事人取判决：比较常见。第四种，庭后判决后不宣判，直接邮寄给各方当事人：常见。

无论哪种情况，律师最好在收到判决后，在判决上用铅笔标明收到日期或采取其他方式记录收到日期，以便于计算上诉期间，防止发生贻误情况。

2.2.4.5 汇报判决情况并协助当事人确定是否上诉

律师收到法院判决或裁定后，无论胜负，均应在第一时间通知当事人。对于败诉判决，应帮助当事人客观分析败诉的原因，根据当事人的意愿与实际情况决定是否继续提起上诉。

练习与测试

1. 如何确定一个行政行为是否可诉？

2. 如何针对一个具体的行政行为确定原告的诉讼请求？

3. 行政诉讼中原告的举证责任是什么？

4. 行政诉讼中原告证据保全申请最迟在什么时候提出？证据保全申请被驳回后的救济途径为何？

5. 对于复议前置的行政诉讼案件如果法院审查错误，立案受理后如何救济？救济有没有期间限制？

单元总结

本单元主要介绍行政诉讼中律师如何代理原告，做好诉讼的方案和具体代理工作，并重点归纳了律师的必备工作程序。

第3章

行政诉讼一审中代理被告

单元要点

本单元主要介绍在行政诉讼一审中律师代理被告在开庭前、开庭时以及法院作出裁判后应当做的各项工作，以及律师在实际操作中的一些技巧。

学习目标

了解律师在行政诉讼一审中代理被告时需要做哪些基础性工作，掌握律师实务中需要注意的技巧和问题。

3.1 开庭前律师的工作

在一审中，律师代理被告所做的工作大致可分为开庭前的工作、开庭时的工作、诉讼期间特殊问题的处理、法院作出裁判后律师的工作等几个部分。

3.1.1 接受被告的委托

律师作为被告的代理人参加行政诉讼，主要有两种情况。一种是律师平时就担任被告的常年法律顾问，在发生诉讼的情况下，被告继续委托律师担任行政诉讼案件的代理人；另一种是被告在被诉后，临时找到律师委托其代理案件。在前一种情况下，律师对被诉的具体行政行为的情况在日常法律服务中就比较了解，准备应诉时会比较从容；在后一种情况下，律师对被诉的具体行政行为一无所知，需要更全面地收集相关材料，做好应诉的准备。

3.1.1.1 利益冲突查证，判断能否接受被告的委托担任诉讼代理人，签署委托代理协议

无论律师在上述哪种情况下接受被告的委托，都要做利益冲突查证。查证时主要看被告与律师事务所现有客户是否存在利益冲突，如果存在利益冲突，则律师不能代理该案件。

在不存在利益冲突的情况下，律师所在的律师事务所应与被告签署委托代理协议，接受被告的委托。

3.1.1.2 考虑答辩期限是否充足，必要时提示被告办理延期手续

律师在接受被告委托时，需要考虑的另一个重要的问题是，答辩期限是否充足。根据

《行政诉讼法》的规定，被告应当在收到起诉状副本之日起 10 日内向人民法院提交作出具体行政行为的有关材料，并提出答辩状。由于《行政诉讼法》规定的答辩期限比较短，因而在行政机关被诉后再委托律师时，留给律师的工作时间就更加短暂。因此，律师需要明确以下事项：法院的应诉通知书注明的答辩期满的截止时间；根据原告的诉讼请求和事实理由，被告准备证据材料大概需要的时间，与被告沟通确认能否在答辩期届满前收集全部证据；律师需要收集的法律、法规、规章及规范性文件的时间；撰写答辩状的时间等，判断是否需要申请延长举证及答辩期限。

根据《最高人民法院关于行政诉讼证据若干问题的规定》的规定，被告因不可抗力或者客观上不能控制的其他正当事由，不能在 10 日内提供证据的，应当在收到起诉状副本之日起 10 日内向人民法院提出延期提供证据的书面申请。人民法院准许延期提供的，被告应当在正当事由消除后 10 日内提供证据。逾期提供的，视为被诉具体行政行为没有相应的证据。因此，律师需要考虑如果属于法定的可以延期提供证据的情形，则需要被告以书面形式向受诉法院提出申请，律师应建议被告向法院提交申请延长举证及答辩期限的书面申请材料。

这个问题非常重要，如果律师不重视答辩期限，并且未能在收到起诉状副本之日起 10 日内提交被告作出被诉具体行政行为的有关材料，将会导致被告败诉。实践中，这种情形虽然不多，但偶尔也会见到。

3.1.2　了解原告的诉讼请求，了解起诉状的内容

律师接受被告委托后，首先要做的工作是仔细阅读原告的起诉状，了解被诉的具体行政行为及原告的诉讼请求。

3.1.2.1　明确被诉的具体行政行为

随着《行政处罚法》、《行政许可法》、《行政强制法》的颁布、实施，各种具体行政行为逐渐被类型化，使得律师在判断某一具体行政行为的种类时有法可依。但是，实践中有些比较特殊的行为，律师在判断时需要费些工夫，如会议纪要、行政决定、行政答复等是否是具体行政行为、是否可诉，需要仔细判断。如果不是可诉的具体行政行为，律师可以以此为由对原告的起诉进行反驳。

3.1.2.2　了解原告的诉讼请求

根据行政诉讼法的相关规定，人民法院能够作出的行政判决主要有：撤销或者部分撤销具体行政行为的判决、确认具体行政行为违法或者无效的判决、责令被告在一定期限内履行职责的判决、变更行政处罚的判决等，因此，原告起诉时往往根据这些判决的类型，提出相应的诉讼请求。

针对不同的诉讼请求，被告的答辩内容、法院的审查内容以及裁判的内容均有所不同，即形成不同的诉讼类型，如撤销之诉、确认之诉、履责之诉、变更之诉等。

需要注意的是，由于有些原告不懂行政法，故其提出的有些诉讼请求在行政诉讼中是不可能实现的。如原告认为被告颁发房屋产权证错误，请求法院直接为其颁发房屋产权证。由于行政诉讼制度是法院对行政主体作出的具体行政行为的合法性进行审查（于行政处罚还包括合理性审查），从而作出合法与否的裁判，并不能代替行政主体作出具体行政行为，因此，如果法院认为被告的具体行政行为违法且有重新作出的必要，只能作出撤销该具体行政行为，并责令被告在一定的期限内重新作出具体行政行为的判决，而不能替代行政主体作出具体行政行为。在此情况下，律师可以有针对性地提出反驳。针对这种情况，法院会要求原告修改诉讼请求；若原告坚持该诉讼请求，则法院会裁定驳回原告的起诉。

3.1.3 与被告沟通，收集作出被诉具体行政行为时的证据、依据

3.1.3.1 与被告沟通，收集被告作出被诉具体行政行为的证据

由于行政主体作出具体行政行为时遵循"先取证，后裁决"的原则，即行政主体在作出具体行政行为之前，应当收集所有的证据材料，在此基础上认定事实、适用法律作出具体行政行为，因而进入行政诉讼程序时，被告的具体行政行为的证据材料应当是现成的；并且，行政诉讼法也不允许被告及其代理人进入诉讼后自行收集证据。因此，律师需要向行政主体调取被诉具体行政行为的案卷材料。

律师在充分阅读案卷材料后，还会发现，行政诉讼除涉及行政法律问题以外，往往还涉及某一部门的专业问题，以及行政主体处理行政事务的经验和工作惯例等。因此，律师还需要与行政主体的工作人员进行沟通和了解，主要是听取负责具体行政行为的工作人员介绍案件的背景材料和作出具体行政行为的经过，了解行政主体的基本思路；对案卷材料中每一证据的来源、取得方式等与行政主体的工作人员进行核对，就案件涉及的专门问题与其进行讨论。

在这一阶段，律师必须对被诉具体行政行为涉及的事实情况、专业问题、技术环节等进行全面的了解和掌握，并就有关证据的证明内容、证明力等进行沟通和讨论，以便确定答辩思路，同时，也是为庭审时应对原告及法官的询问做好准备。这个阶段，如果律师的工作不够细致，在开庭审理阶段，面对法官，特别是面对有充分准备的原告律师的提问，被告律师就会显得比较被动，甚至会影响到案件的胜败。

3.1.3.2 收集、整理被告作出具体行政行为的依据

通常情况下，行政主体在作出具体行政行为时，应当明确所依据的法律规定。例如，在作出行政处罚时，行政主体应当引用认定违法行为的法律条文以及作出行政处罚的法律条文。但是在实践中，由于具体行政行为的多样性，以及有些行政主体作出的具体行政行

为不够规范、不引用所适用的法律规定，因此，律师需要考虑作出具体行政行为时的相关依据。

（1）收集具体行政行为的法律依据

根据行政诉讼法的相关规定，法院审理行政诉讼案件，以法律、行政法规、地方性法规、自治条例和单行条例为依据，参照国务院部、委根据法律和国务院的行政法规、决定、命令制定、发布的规章以及省、自治区、直辖市和省、自治区的人民政府所在地的市和经国务院批准的较大的市的人民政府根据法律和国务院的行政法规制定、发布的规章。

根据最高人民法院《关于审理行政案件适用法律规范问题的座谈会纪要》（［2004］96号），法院审判的依据还包括，"根据立法法、行政法规制定程序条例和规章制定程序条例关于法律、行政法规和规章的解释的规定，全国人大常委会的法律解释，国务院或者国务院授权的部门公布的行政法规解释"。对于规章制定机关作出的与规章具有同等效力的规章解释，人民法院审理行政案件时参照适用。

现行有效的行政法规有以下三种类型：

a. 国务院制定并公布的行政法规。

b.《立法法》施行以前，按照当时有效的行政法规制定程序，经国务院批准、由国务院部门公布的行政法规。但在《立法法》施行以后，经国务院批准、由国务院部门公布的规范性文件，不再属于行政法规。

c. 在清理行政法规时由国务院确认的其他行政法规。

行政诉讼法规定的"参照规章"是指"在参照规章时，应当对规章的规定是否合法有效进行判断，对于合法有效的规章应当适用"。

有关法律、行政法规、规章、自治条例和单行条例等的制定主体和适用范围，由《立法法》规定。同时，《立法法》和《行政诉讼法》还规定了这些法律的效力及冲突适用规则。律师可以依据这些规定判断应适用的法律规定，以及出现冲突时如何处理。

（2）收集具体行政行为依据的其他规范性文件

法律、法规、规章以外的规范性文件主要是"国务院部门以及省、自治区和较大的市的人民政府或其主管部门对于具体应用法律、法规或规章作出的解释；县级以上人民政府及其主管部门制定发布的具有普遍约束力的决定、命令或其他规范性文件"。这些具体应用解释和规范性文件不是正式的法律渊源，对法院不具有法律规范意义上的约束力，但却是行政机关作出具体行政行为时的依据；并且，法院经审查认为被诉具体行政行为依据的具体应用解释和其他规范性文件合法、有效且合理、适当的，在认定被诉具体行政行为的合法性时应承认其效力。因而，对于这些具体应用解释和规范性文件也应作为作出具体行政行为的依据提交给法院。

律师在确定具体行政行为的依据之后，还应与行政机关的工作人员进行沟通，听取他们对法律适用的理解，以便更准确地适用相关依据。

[实例解析]

林某不服江苏省镇江市烟草专卖局烟草专卖行政处罚及赔偿案

案情简介

江苏省镇江市烟草专卖局作出处罚决定书认定，2007年2月5日在沪宁高速公路镇江出口处查获由上海开往安徽的货车上无证运输软中华香烟50条，总价值27 500元，货主为林某。烟草专卖局认为林某的行为违反了《中华人民共和国烟草专卖法》第22条、第31条的规定，根据《中华人民共和国烟草专卖法实施条例》第55条的规定，对林某处以无证运输卷烟总价值20%的罚款计5 500元。林某不服该处罚决定，向法院提起行政诉讼。

法律分析

本案涉及的违法行为是无准运证运输烟草专卖品。江苏省镇江市烟草专卖局对此违法行为认定时，涉及以下条款：

A. 法律。

《烟草专卖法》（1991年）第22条规定："托运或者自运烟草专卖品必须持有烟草专卖行政主管部门或者烟草专卖行政主管部门授权的机构签发的准运证；无准运证的，承运人不得承运。"第31条规定："无准运证或者超过准运证规定的数量托运或者自运烟草专卖品的，由烟草专卖行政主管部门处以罚款，可以按照国家规定的价格收购违法运输的烟草专卖品；情节严重的，没收违法运输的烟草专卖品和违法所得。承运人明知是烟草专卖品而为无准运证的单位、个人运输的，由烟草专卖行政主管部门没收违法所得，并处罚款。超过国家规定的限量异地携带烟叶、烟草制品，数量较大的，依照第一款的规定处理。"

B. 行政法规。

《烟草专卖法实施条例》（1997年）第36条规定："有下列情形之一的，为无烟草专卖品准运证运输烟草专卖品：（一）超过烟草专卖品准运证规定的数量和范围运输烟草专卖品的；（二）使用过期、涂改、复印的烟草专卖品准运证的；（三）无烟草专卖品准运证又无法提供在当地购买烟草专卖品的有效证明的；（四）无烟草专卖品准运证运输烟草专卖品的其他行为。"第55条规定："依照《烟草专卖法》第三十一条规定处罚的，按照下列规定执行：（一）无准运证或者超过准运证规定的数量托运或者自运烟草专卖品的，处以违法运输的烟草专卖品价值百分之二十以上百分之五十以下的罚款，可以按照国家规定的价格收购违法运输的烟草专卖品。……"

本案中，被告认定违法行为时适用的法律依据主要是《烟草专卖法》第22条，但法院在判决中增加了《烟草专卖法实施条例》第36条第4项的规定；在处罚时，被告主要适用的是《烟草专卖法》第31条、《烟草专卖法实施条例》第55条第1项的规定。在诉讼中，原告还提出国家烟草专卖局的一份文件，即《国家烟草专卖局关于卷烟准运证实行统一管理的通知》（国烟专〔2006〕445号），认为根据该文件的规定被告认定事实错误。

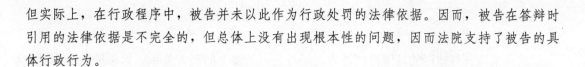

但实际上，在行政程序中，被告并未以此作为行政处罚的法律依据。因而，被告在答辩时引用的法律依据是不完全的，但总体上没有出现根本性的问题，因而法院支持了被告的具体行政行为。

3.1.4　对被诉的具体行政行为的合法性进行分析，提示诉讼存在的法律风险

律师在了解原告的诉讼请求，收集到行政主体作出具体行政行为的证据、依据时，就可以对具体行政行为是否合法、合理进行全面分析，如果发现具体行政行为存在合法性问题，应当及时与当事人联系、沟通，以便当事人心中有数并及时采取有效的措施。

3.1.5　确立答辩思路，撰写答辩状

律师在确立答辩思路时，要根据原告起诉的不同情形考虑撰写答辩状。在实践中，常见的行政诉讼案件的答辩大致可以分为对原告诉作为行政行为的答辩、对原告诉不作为行政行为的答辩、对原告诉行政赔偿行为的答辩。每一种案件的答辩内容又可以分为对程序问题的答辩和对实体问题的答辩。

3.1.5.1　对原告诉作为行政行为的答辩

（1）对程序问题的答辩

对程序问题的答辩，答辩状主要关注以下问题：

a. 被诉行政行为是否属于行政诉讼的受案范围

《行政诉讼法》第 11 条、第 12 条和《最高人民法院关于执行〈中华人民共和国行政诉讼法〉若干问题的解释》第 1 条、第 2 条及第 3 条对行政诉讼受案范围的规定采用的是概括式和列举式相结合的方式，因此，法院只对法律规定的行政诉讼受案范围的案件进行立案和审理。如果被告认为原告所诉行为不属于行政诉讼受案范围，应当从被诉行为的性质、相关法律的规定、对法律条文的理解等方面进行论证和辩驳。

［参考案例］

某房地产公司诉某市住房和城乡建设委员会建筑工程施工许可案

某房地产公司通过拍卖取得某房地产项目，该项目开工时已经取得《建设工程开工证》，在拍卖阶段项目已经完工，不需要再行施工。某房地产公司认为《建设工程开工证》上记载的内容与实际情况不符，便向该市住房和城乡建设委员会申请变更，但遭到拒绝，遂向法院起诉。诉讼中，被告的答辩理由为：原告在拍卖取得被诉建设工程时，该工程已经完工，不存在再行施工的可能，因而其是否变更开工证对原告的权利、义务不产生任何影响，因此，本案不属于行政诉讼的受案范围。法院采纳了被告的意见，裁定驳回原告的

起诉。

b. 起诉人是否有原告资格

这是指原告与被诉的具体行政行为之间是否有法律上的利害关系。如果原告既不是被诉具体行政行为的相对人，也不是被诉具体行政行为的相关人；或者原告不是具有法定行为能力的公民、法人或者其他组织，不符合《行政诉讼法》及相关司法解释中有关原告资格的规定。被告方在论证原告不具备行政诉讼主体资格时，可以利用其掌握的相关证据，判明原告属于不具备行政诉讼主体资格的哪种情况。

[参考案例]

王××诉某市住房和城乡建设委员会建设工程施工许可案

王××认为某市住房和城乡建设委员会向某企业核发的《建筑工程施工许可证》违法，向法院起诉要求撤销该许可证。被告在诉讼中答辩称：该许可证是许可被许可人在特定的区域范围内进行施工建设，王××既不是该许可证的被许可人，也不是许可证范围内的房屋所有权人或者承租人，其与被诉的施工许可行为之间不具有法律上的利害关系，不具备针对该施工许可提起诉讼的原告资格，故请求法院裁定驳回原告的起诉。法院最终支持了被告的意见。

c. 原告是否在法定期限内提起诉讼

根据《最高人民法院关于执行〈中华人民共和国行政诉讼〉若干问题的解释》第27条第1项的规定，被告若认为原告的起诉超过法定起诉期限，则应由被告负举证责任。因此，如果被告认为原告的起诉已超过法定起诉期限，应当向法院提供原告知道或者应当知道被诉具体行政行为的内容、诉权和起诉期限的时间证据、计算原告的起诉期限的法律依据等，以此分析、论证原告的起诉已超过法定期限。

d. 被告是否适格

这是指被告不是行政机关或者法律、法规、规章授权行使行政职权的组织，或者原告所诉的具体行政行为不是被告作出的。因此，在一审程序中，如果被告认为其不具备行政诉讼的主体资格，应当提供相应的法律依据或原告所诉行为与其无关的证据材料。

e. 是否属于复议前置、尚未经过复议的情形

根据《行政诉讼法》第37条的规定，行政诉讼实行选择复议原则，即对于属于法院受案范围的行政案件，公民、法人或者其他组织可以先向上一级行政机关或法律、法规规定的机关申请复议，对复议决定不服的，再向法院提起诉讼；也可以直接向法院提起诉讼。但法律、法规规定应当先向行政机关申请复议，对复议不服才可向人民法院提起诉讼的，应当依照法律、法规的规定实行复议前置原则。因此，对于实行复议前置的案件，如果原告没有先行申请复议而直接向法院提起诉讼的，被告方可以以此为由反驳原告的起诉不符合法定的起诉条件。

f. 是否属于重复起诉

重复起诉是指基于同一个事实和理由多项提起的诉讼，或者就同一案件向两个或以上

法院提起的诉讼。对于重复起诉的案件，法院应不再受理或者受理后裁定驳回起诉。

g. 是否属于已经撤回起诉无正当理由又另行起诉的

法院在对行政案件宣判或者作出裁定前，原告申请撤诉的，或者被告改变其所作的具体行政行为，原告同意并申请撤诉的，法院裁定准许。在此情况下，原告没有正当理由又以同一事实和理由重新起诉的，法院不予受理。如果原告认为准予撤诉的裁定确有错误，则应通过再审程序，由法院通过审判监督程序撤销原准予撤诉的裁定后重新对案件进行审理。

对程序问题的答辩主要关注的是被诉具体行政行为是否应当被法院受理的问题，如果不应受理，则法院可以裁定驳回起诉，对被诉具体行政行为是否合法不进行实质性的审查。当然，如果答辩状的程序答辩能够被法院接受，法院裁定驳回起诉，则对被告来说是比较理想的结果；但如果法院没有接受程序答辩的理由而进入实质审查，而被告又未在答辩状中对这部分内容进行答辩，则被告就显得比较被动。因而，慎重起见，建议在条件允许的情况下，在答辩状中对这两部分内容均予以答辩，即进行全面答辩。

（2）对实体问题的答辩

对实体问题的答辩，答辩状主要关注：被告具有作出具体行政行为的法定职权；被诉具体行政行为认定事实清楚，主要证据确凿、充分；被诉具体行政行为适用法律正确；被诉具体行政行为符合法定程序；原告诉状提出的理由是否成立等。

［示范文本］

行政答辩状

答辩人：某省财政厅

地址：（略）

法定代表人：（略）　　　　　职务：厅长

被答辩人：A 有限公司

地址：（略）

法定代表人：（略）　　　　　职务：（略）

答辩人因被答辩人不服答辩人的×××号《投诉处理决定书》提起行政诉讼一案，提出答辩如下：

一、答辩人具有对政府采购监督管理的法定职权

根据《中华人民共和国政府采购法》第十三条的规定，答辩人是某省政府采购活动的监督管理部门，依法具有作出被诉《投诉处理决定书》的职权。

二、答辩人对被答辩人作出的《投诉处理决定书》（×××号）认定事实清楚，证据确凿、充分

答辩人收到被答辩人的投诉申请书后，对本项目的案卷材料进行了调取、审查。审查发现，招标公司在接到被答辩人的质疑函后，组织评标委员会对 B 中标公司的资质进行审查，评标委员会认为 B 中标公司的资质符合招标文件的要求。在此情况下，不存在《政府采购法》第三十六条规定的废标情形。

经审查，答辩人认为财政部的文件是自 2008 年××月××日开始施行，而本项目是 2007 年××月××日进行的，因而财政部的文件不适用于本案。

三、投诉处理决定有法律依据

针对调查的事实，答辩人依据：（略）作出投诉处理决定。

四、投诉处理决定程序合法

答辩人在对被答辩人作出投诉处理决定的过程中，严格遵循了《政府采购法》规定的程序：（略）

五、被答辩人认为投诉处理决定不合法的理由不能成立

（略）

综上所述，答辩人作出的投诉处理决定书认定的事实清楚，证据充分、确凿，适用法律正确，程序合法。恳请贵院依法维持原投诉处理决定。

此致

××人民法院

答辩人：某省财政厅

2013 年××月××日

上述答辩状，基本上涵盖了行政诉讼答辩状的要素，包含了对争议的具体行政行为合法性的论述以及对原告理由的反驳意见。律师实务中，容易出现问题的是答辩不完整或者答非所诉的情况，例如，仅仅答辩了案件的程序问题，或者仅仅反驳了原告的诉状，或者仅仅是轻描淡写地答辩、缺乏实质内容，甚至有些答辩答非所诉，偏离原告起诉的诉讼请求及事实理由，对于这些问题律师应当尽力避免。

3.1.5.2 对原告诉不作为行政行为的答辩

1. 对程序问题的答辩

在原告诉不作为行政行为案件的程序答辩中，与原告诉作为行政行为案件的程序答辩相比较，特殊之处在于：

（1）起诉人是否有原告资格

这是指原告与被诉不作为行政行为有没有法律上的利害关系。被告可以考虑从两种情况答辩：第一，原告不是被诉不作为行政行为的申请者，即在诉被告依申请行为的不作为案件中，原告不是申请人；第二，原告不是被诉不作为行政行为的相关人，即在诉被告依职权行为的不作为案件中，原告不是权利、义务受被诉不作为行政行为影响的相关人。

（2）原告的起诉是否有事实根据

根据《最高人民法院关于执行〈中华人民共和国行政诉讼法〉若干问题的解释》第 27 条第 2 项的规定，在诉被告依申请行为的不作为案件中，原告对提出申请的事实承担举证责任。因此，如果被告没有收到过原告的申请，就可以以原告未向其提出过申请为理由反驳原告。

2. 对实体问题的答辩

对原告诉不作为行政行为案件的答辩，一般从以下几个方面进行：第一，被诉行政主体不具有法定的行政职责；第二，未出现法律规定被诉行政主体应当履行法定职责的客观事实；第三，被诉行政主体不作为有法律依据。

被诉行政主体不具有法定的行政职责，主要是指：法律没有赋予被诉行政主体对原告所诉事实作为的行政职责；法律规定的对原告所诉事实有作为行政职责的行政主体不是被告。被告只要能依据相关的法律对以上任一论点加以充分论证，就能够证明其被诉不作为行政行为合法。

[参考案例]

赵某诉某乡人民政府不履行职责案

赵某与张某于 2002 年 11 月经法院调解离婚，分割夫妻共同财产的结果为赵某拥有某房屋东房两间。后赵某为将女儿户口落于该处，于 2010 年年底到村委会要求开具《证明》，证明该房系赵某所有，遭到拒绝。故赵某向乡人民政府邮寄申请书，希望乡人民政府督促村委会为其开具证明，但乡人民政府未予答复。赵某遂向人民法院提起行政诉讼，要求判令乡人民政府依法履行行政职责，督促村民委员会给自己出具房屋产权证明。

乡人民政府的答辩理由为，根据《中华人民共和国地方各级人民政府代表大会和地方各级人民政府组织法》、本机关的"三定"方案、《中华人民共和国村民委员会组织法》等的相关规定，我机关并不具备原告所称的"责令所辖某村村民委员会给原告开具房屋产权证明"的职责。经审查，法院认为：《中华人民共和国村民委员会组织法》（1998 年）第 4条规定，乡、民族乡、镇的人民政府对村民委员会的工作给予指导、支持和帮助，但是不得干预依法属于村民自治范围内的事项。另外，对于乡政府的职权范围，《中华人民共和国地方各级人民政府代表大会和地方各级人民政府组织法》、被告的"三定"方案均给予了明确规定，其中并无原告申请要求履责的内容，故原告诉至法院要求被告履行督促某村村民委员会给其出具房屋产权证明，没有法律依据。法院最终裁定驳回原告的起诉。

3.1.5.3 对原告诉行政赔偿行为的答辩

1. 对程序问题的答辩

根据现行法律规定，原告提起行政赔偿的方式有两种：一种是提起行政诉讼的同时一并提起行政赔偿诉讼，另一种是原告单独提起行政赔偿诉讼。在前一种方式中，被告对原告的起诉不符合法定条件的答辩与前文所讲的行政诉讼案件的答辩基本相同，这里不赘述。

对于单独提起的行政赔偿诉讼案件，根据《国家赔偿法》的规定，申请行政机关解决是原告提起行政赔偿诉讼的前置条件，因此，如果被告有充分的证据证明原告未先申请其处理或虽已申请其处理但尚在法定处理期限内，可以以此为论据论证原告的起诉违反了《行政诉讼法》第 67 条第 2 款的规定，不符合法定的起诉条件。

2. 对实体问题的答辩

根据《国家赔偿法》的规定，构成行政赔偿的主要条件有：一是被诉的具体行政行为违法；二是原告遭受损害；三是被诉的具体行政行为与原告的损害之间存在因果关系。因而，被告在答辩时应紧紧围绕这三点进行。

3.1.6　填写证据清单，整理证据

3.1.6.1　被告对具体行政行为的合法性承担举证责任

行政诉讼被告负举证责任的观念深入人心，甚至被学界认为是中国行政诉讼的特色。

《行政诉讼法》第 32 条规定："被告对作出的具体行政行为负有举证责任，应当提供作出该具体行政行为的证据和所依据的规范性文件。"这一规定体现出行政诉讼中通常是由被告负举证责任，但并不意味着所有的行政诉讼案件中，被告需要对所有的事实均承担举证责任。

被告负举证责任的一般原则，体现在以下几个方面：

（1）被告承担举证责任的范围

在行政诉讼中，被告需要证明其作出的具体行政行为合法，因而其举证的范围也围绕这一命题展开，具体包括：作出具体行政行为的权力来源合法，行政机关首先要证明其具有作出某一具体行政行为的法定职权；具体行政行为的实体合法；具体行政行为的程序合法。

对于经过行政复议的案件，在复议机关改变原具体行政行为（包括复议机关改变原具体行政行为认定的事实、改变原具体行政行为适用的法律或者改变原具体行政行为处理结果）时，复议机关是被告。在此情况下，复议机关要证明复议决定的合法性，既包括原具体行政行为合法，也包括复议决定合法；提交的证据范围既包括原具体行政行为收集的证据，也包括在复议程序中收集的证据。

在全面答辩的原则下，证据材料也要涵盖全部的答辩内容，具体行政行为认定的全部事实均应当有证据予以支持。

（2）证据来源的限制

行政程序遵循"先取证，后裁决"的原则，因而在进入行政诉讼时，具体行政行为所依据的证据已经形成行政案卷。因此，律师整理证据的重点是对现有证据材料进行组织和提炼，不是重新收集。针对不同的具体行政行为，已经形成行政案卷的证据以及听证程序中经质证的证据，以及听证笔录等所形成的听证案卷是证据的主要来源。

[资料链接]

《最高人民法院关于行政诉讼证据若干问题的规定》

第五十七条：下列证据材料不能作为定案依据：

（一）严重违反法定程序收集的证据材料；

（二）以偷拍、偷录、窃听等手段获取侵害他人合法权益的证据材料；

（三）以利诱、欺诈、胁迫、暴力等不正当手段获取的证据材料；

（四）当事人无正当事由超出举证期限提供的证据材料；

（五）在中华人民共和国领域以外或者在中华人民共和国香港特别行政区、澳门特别行政区和台湾地区形成的未办理法定证明手续的证据材料；

（六）当事人无正当理由拒不提供原件、原物，又无其他证据印证，且对方当事人不予认可的证据的复制件或者复制品；

（七）被当事人或者他人进行技术处理而无法辨明真伪的证据材料；

（八）不能正确表达意志的证人提供的证言；

（九）不具备合法性和真实性的其他证据材料。

律师在提交证据时，要注意了解证据的来源，证据的状况，防止出现上述证据材料。

（3）被告承担举证责任的程序要求

根据《最高人民法院关于行政诉讼证据若干问题的规定》，被告应当在收到起诉状副本之日起 10 日内，提供据以作出被诉具体行政行为的全部证据和所依据的规范性文件。被告不提供或者无正当理由逾期提供的，视为被诉具体行政行为没有相应的证据。被告因不可抗力或者客观上不能控制的其他正当事由，不能在规定的期限内提供证据的，应当在收到起诉状副本之日起 10 日内向人民法院提出延期提供证据的书面申请。人民法院准许延期提供的，被告应当在正当事由消除后 10 日内提供证据；逾期提供的，视为被诉具体行政行为没有相应的证据。

3.1.6.2　被告提供证据形式上的要求

在向法院提交证据之前，律师要按照法院提交证据的要求填写证据清单。

被告向法院提交证据时，证据要符合《最高人民法院关于行政诉讼证据若干问题的规定》的要求，简单来讲，包括以下内容：

（1）向法院提供书证的，应当符合下列要求：

a. 提供书证的原件，原本、正本和副本均属于书证的原件；提供原件确有困难的，可以提供与原件核对无误的复印件、照片、节录本。

b. 提供由有关部门保管的书证原件的复制件、影印件或者抄录件的，应当注明出处，经该部门核对无异后加盖其印章。

c. 提供报表、图纸、会计账册、专业技术资料、科技文献等书证的，应当附有说明材料。

d. 被告提供的被诉具体行政行为所依据的询问、陈述、谈话类笔录，应当有行政执法人员、被询问人、陈述人、谈话人签名或者盖章。

（2）向人民法院提供物证的，应当符合下列要求：

提供原物：提供原物确有困难的，可以提供与原物核对无误的复制件或者证明该物证的照片、录像等其他证据。

原物为数量较多的种类物的，提供其中一部分。

（3）向人民法院提供计算机数据或者录音、录像等视听资料的，应当符合下列要求：

提供有关资料的原始载体，提供原始载体确有困难的，可以提供复制件；注明制作方法、制作时间、制作人和证明对象等；声音资料应当附有该声音内容的文字记录。

（4）向人民法院提供证人证言的，应当符合下列要求：

写明证人的姓名、年龄、性别、职业、住址等基本情况；有证人的签名，不能签名的，应当以盖章等方式证明；注明出具日期；附有居民身份证复印件等证明证人身份的文件。

（5）向人民法院提供的在行政程序中采用的鉴定结论，应当载明委托人和委托鉴定的事项、向鉴定部门提交的相关材料、鉴定的依据和使用的科学技术手段、鉴定部门和鉴定人鉴定资格的说明，并应有鉴定人的签名和鉴定部门的盖章。通过分析获得的鉴定结论，应当说明分析过程。

（6）向人民法院提供的现场笔录，应当载明时间、地点和事件等内容，并由执法人员和当事人签名；当事人拒绝签名或者不能签名的，应当注明原因。有其他人在现场的，可由其他人签名。法律、法规和规章对现场笔录的制作形式另有规定的，从其规定。

3.1.7 向法院提交答辩材料

律师在将答辩状及证据材料准备完毕后，需要将这些材料提交行政主体，由其修改、确认后，在答辩状上加盖公章。

律师向法院提交的答辩材料应当包括以下几方面内容：（1）答辩状正本一份，并按照当事人的人数提供答辩状副本；（2）被告行政机关的组织机构代码证书复印件；（3）被告行政机关的法定代表人身份证明书；（4）被告行政机关对律师及其他代理人的授权委托书。

律师将上述材料准备好后，连同诉讼证据、依据等材料在法院指定的期限内提交给法院。

■ 3.2 开庭时律师的工作

开庭时，律师在开庭前提交法院的证据及答辩状的基础上，还需要针对原告提交的证据、陈述以及法官的询问等做好相应的工作。

3.2.1 法庭调查中的工作

在法庭调查中，律师的主要工作是宣读答辩状，出示证据、依据，对原告提交的证据进行质证，进行辩论等，这些工作要围绕被诉具体行政行为的合法性展开。律师需要对被诉具体行政行为涉及的事实和法律问题充分向法庭陈述，说明其合法性。

在法庭调查中，律师仍然要坚持全面答辩的原则，不能局限于原告争议的内容，而是要全面阐述被诉具体行政行为合法性的各要素；在法庭质证中，要对已经提交的全部证据出示并进行质证，因为根据行政诉讼的证据规则，没有经过法庭质证的证据，不能作为人民法院认定具体行政行为合法性的根据；对于原告提出的事实和理由，要组织证据进行反驳。

3.2.2　法庭辩论中的工作

经过法庭调查阶段，原、被告双方争议的焦点问题通常会表现出来。法官往往会根据法庭调查的情况，总结出案件的焦点问题。法庭辩论阶段需要原、被告双方针对这些焦点问题充分发表意见。这个阶段对律师的专业知识、专业素质的要求比较高，同时需要律师根据庭审情况随机应变。其中最重要的，律师要围绕原告的诉讼请求、被诉具体行政行为的合法性进行辩论。对于原告提出的一些细枝末节问题，不需要过于纠缠。

在这个阶段，律师更需要关注法官的注意力。在经过法庭调查之后，法官对案件的基本情况已经有了大致的了解，其内心也形成了一个基本的判断。有可能在此阶段，法官对一些事实问题（特别是专业问题）或者法律问题还存在一些疑问和困惑，此时法官会通过询问的方式提出。因而，律师需要特别关注法官的询问，了解法官关注这些问题的目的，尽可能地根据事实、引用法律说服法官。必要时，可以提交书面的代理意见，以更充分地对焦点问题进行解释和说明；同时，书面代理意见也可以给法官更充分的思考的时间。

一些年轻律师或者不太了解行政法的律师，在庭审中，容易出现的问题是，过于关注当事人或者旁听者的感受而忽略法官的提问；还有的律师往往与对方律师提出的与本案关系不大的问题纠缠不清，忽略了案件的关键问题，从而暴露出律师行政法知识的薄弱，给主审法官或者合议庭留下不好的印象。

3.2.3　最后陈述

最后陈述，通常是希望法官支持己方观点，驳回原告的诉讼请求。对于一些较为复杂的案件，被告的律师也可以将双方争议的焦点进行归纳、总结，以突出己方观点、驳斥对方观点，给合议庭留下较深的印象。

3.2.4　根据庭审情况，提交代理意见

在行政诉讼中，律师可以根据庭审的具体情况，视情况决定是否向法庭提交代理意见。对于庭审中法官关心的问题，原、被告争议的焦点问题，在原、被告双方进行辩论之后，如果律师认为己方的观点尚未充分展开，或者比较零散，可以考虑向法庭提交代理意见。代理意见要围绕当事人争议的焦点问题或者法庭关注的问题展开论述，而不需泛泛论述。代理意见和答辩状是相辅相成的，对于答辩状里已经充分展开论述的问题，代理意见就不必赘述。

■ 3.3　诉讼期间特殊问题的处理

3.3.1　被告补充证据的问题

行政诉讼中，被告应诉案件的证据通常应当在法律规定的期限内提供，但是根据《最高人民法院关于行政诉讼证据若干问题的规定》，当原告或者第三人提出其在行政程序中没有提出的反驳理由或者证据时，经人民法院准许，被告可以在第一审程序中补充相应的证据。因此，某些案件中，比如行政裁决行为案件中，如果相对人在行政程序中没有提出相关的理由或者证据，而是在行政诉讼中提出来作为推翻被诉行政决定的理由，法院可以要求被告补充证据。被告补充的证据仅限于对抗原告在诉讼过程中新提出的反驳理由或者证据，不能在补充证据之时附带证明被诉具体行政行为的合法性。

3.3.2　被告改变原具体行政行为的问题

在行政诉讼中，被告如果发现被诉具体行政行为存在错误、瑕疵或者不准确，有权改变原具体行政行为，重新作出具体行政行为。发生此种情形时，律师对于被告拟作出的新的具体行政行为，应当进行认真的审查、核实，以确认变更后的具体行政行为合法、有效，避免引发更多的纠纷。在被告重新作出具体行政行为时，代理律师应当提示被告将变更的情况书面告知人民法院。

根据《最高人民法院关于执行〈中华人民共和国行政诉讼法〉若干问题的解释》第50条，被告在一审期间改变原具体行政行为的，应当书面告知人民法院。原告或者第三人对改变后的行为不服，提起诉讼的，人民法院应当就改变后的具体行政行为进行审理。被告改变原具体行政行为，原告不撤诉，人民法院经审查认为原具体行政行为违法的，应当作出确认其违法的判决；认为原具体行政行为合法的，应当判决驳回原告的诉讼请求。

被告改变原具体行政行为的，案件如何审理取决于原告或者第三人的态度。原告或者第三人可能出现的态度主要有：（1）原告和第三人接受被告重新作出的具体行政行为，撤回原来的诉讼，也不对新的具体行政行为起诉；（2）原告不撤诉，又对新的具体行政行为起诉；（3）原告不撤诉，第三人又对新的具体行政行为起诉；（4）原告撤回原来的诉讼，但对新的具体行政行为提起诉讼；（5）原告撤回原来的诉讼，第三人对新的具体行政行为起诉。

■ 3.4　法院作出裁判后律师的工作

根据《行政诉讼法》的规定，行政诉讼案件一审法院通常应当在3个月内作出裁决。

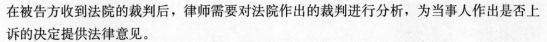

在被告方收到法院的裁判后，律师需要对法院作出的裁判进行分析，为当事人作出是否上诉的决定提供法律意见。

律师的分析通常包含两部分内容：一是被诉的具体行政行为是否合法，二是一审的审理是否合法。对第一个问题的分析，以答辩状、代理意见的观点为基础，并结合一审判决的认定。对第二个问题的分析，以《行政诉讼法》的相关规定为基础，结合庭审情况及裁决进行。如果经过分析，律师认为一审的裁判存在错误，则可以建议当事人提起上诉。如果当事人决定上诉并继续委托律师代理，则律师可以开展二审代理工作。

练习与测试

　　1. 律师接受被告委托后，在行政诉讼一审开庭前应当做好哪些工作？

　　2. 律师在一审开庭代理被告时，应做好哪些工作、注意哪些问题？

　　3. 行政诉讼一审裁判作出后，律师需要做好哪些工作？

单元总结

　　本单元主要介绍行政诉讼中，律师代理被告在一审开庭前、开庭时以及法院作出裁判后需要做好哪些工作，以及应当注意的律师技巧问题。

第4章

行政诉讼一审中代理第三人

单元要点

　　行政诉讼中的第三人是同被提起诉讼的具体行政行为有利害关系且在行政诉讼过程中申请参加或由人民法院通知参加诉讼的公民、法人或者其他组织。第三人与原告、被告各自的法律地位均独立，但却不相同且比较特殊。本章主要从第三人的基本特征、类型，第三人参加诉讼的程序，代理第三人参加诉讼的庭前准备，代理第三人参加诉讼的庭审过程及庭后律师的工作等方面，整合法条的同时，再结合案例，非常直观讲述对律师代理第三人参加诉讼的基本要求及工作状况，实践性非常强。

学习目标

　　掌握代理第三人的基本要领。

4.1　行政诉讼第三人的概念与确认

4.1.1　第三人的概念

　　第三人是指同提起诉讼的具体行政行为有利害关系的其他公民、法人或者其他组织。行政诉讼第三人均有权提出与本案有关的诉讼主张，不同于民事诉讼第三人，分为无独立请求权第三人与有独立请求权第三人。

　　上述概念引自行政诉讼法的规定，但是，这种利害关系究竟是直接的利害关系还是间接的利害关系，没有明确的结论，如果只是字面理解可能造成行政诉讼第三人主体范畴无限扩大，例如：一个责令某个企业停产停业的行政处罚行为，显然会造成该企业职工工作不稳定，乃至收入减少，同时也会影响该企业上、下游企业的利益；此外如果这个企业是上市公司，行政处罚造成股价下跌又会影响数量巨大的股东利益。显然，职工、股东、相关企业均有利害关系，是否他们都可以作为第三人参加诉讼呢？实践中，显然是不可以的，行政机关与法院恐怕无法承受这种群体诉讼的压力。因此，目前对于第三人是否系有利害关系的判断主要依据法官酌定，而非仅凭对"利害关系"的字面解释。

　　[资料链接]

《中华人民共和国行政诉讼法》

　　第二十七条：同提起诉讼的具体行政行为有利害关系的其他公民、法人或者其他组织，可以作为第三人申请参加诉讼，或者由人民法院通知参加诉讼。

4.1.2 第三人的确认

根据对于被诉具体行政行为的态度不同，可以将第三人分为三种类型：原告方的第三人、被告方的第三人和持独立观点的第三人。

4.1.2.1 原告方的第三人

此类第三人与原告一样，是享有诉权的主体，出于主观或客观的原因，没有作为原告提起诉讼，而是选择作为第三人参加诉讼或被法院追加为第三人。

4.1.2.2 被告方的第三人

此类第三人是同意被告作出的具体行政行为并与原告的利益相冲突的主体，如治安行政处罚中的受害人，当然，如果受害人认为处罚处理较轻而主张加重，也可能成为持独立观点的第三人。

4.1.2.3 持独立观点的第三人

此类第三人是既不赞同原告的观点，也不同意被告的观点，而有独立诉求或没有任何诉求的主体。

[参考案例]

重组案

×中外合作经营房地产开发公司有股东三家：外商A公司、国企B公司、私企C公司。以上四家公司简称为：合作公司、A公司、B公司、C公司。公司约定：共同在B公司的厂区进行地产开发，合作公司投资总额一期3 000万美元，注册资金1 200万美元，由A公司完成全部出资义务并筹措全部项目资金；B公司提供现有划拨土地；C公司负责办理合作公司全部审批手续。合作项目权益分配为A公司拥有60%、B公司拥有32%、C公司拥有8%。后由于资金不足，项目停工数年。2001年，市工商局对A公司的出资行为进行查处，认定验资报告虚假，注册资本出资不符合出资规定，要求A公司限期履行出资义务，逾期视为不履行出资义务。期满后，A公司未能履行。经B公司申请，市商务局批复变更了合作公司的合作方为B公司、D公司（取代A公司的另一公司）、E公司（协议受让C公司权益的另一公司）。A公司不服，提出行政复议申请至商务部，商务部经复议撤销了市商务局的批复，B公司不服复议决定，将商务部复议决定诉至北京市第二中级人民法院。另，A公司向国家工商总局提出对市工商局查处其出资的行为进行复议，国家工商总局未作出行政复议决定。

重组案中的主体分别为原告B公司、被告商务部。第三人分为三类：（1）原告方的第三人：D公司、E公司、合作公司；（2）被告方的第三人：A公司；（3）持独立观点的第三人：C 公司。

4.2　第三人参加诉讼的程序

4.2.1　第三人参加诉讼的途径

一般情况下，第三人是在行政诉讼开始后加入诉讼的，可以是自己主动申请参加诉讼，也可以是由人民法院通知参加诉讼。例外，也有原告在起诉状中直接列明第三人的做法，这种方式虽然不同于法律的规定，但实践中，还是得到法院认可的。当然，这种方式也可以视为经法院审查后确定追加的特殊情形。

4.2.1.1　主动申请加入诉讼的第三人

第三人对于具体行政行为有利害关系主要可以分为两种情况：一种是具体行政行为对其有利，另一种是具体行政行为对其有害。具体行政行为对其有利的，在诉讼中申请成为第三人，目的在于维持该具体行政行为。具体行政行为对其不利的，本可以作为原告起诉，没有直接起诉而选择成为第三人的原因一般是不希望与行政机关发生正面冲突。此外，由于各种原因超过起诉期间，又有利害关系的当事人，主动申请作为第三人参加诉讼不失为一种有效的补救途径。

4.2.1.2　人民法院通知加入诉讼的第三人

站在法院角度，只要与具体行政行为有利害关系，一般均会追加为第三人，参加诉讼。法院追加的第三人，根据不同情形，包括以下三种：

1. **应作为原告的第三人**

这是指对于同一具体行政行为应作为原告，却未作为原告参加诉讼的其他利害关系人。

[资料链接]

《最高人民法院关于执行〈中华人民共和国行政诉讼法〉若干问题的解释》

第二十四条（第一款）：行政机关的同一具体行政行为涉及两个以上利害关系人，其中一部分利害关系人对具体行政行为不服提起诉讼，人民法院应当通知没有起诉的其他利害关系人作为第三人参加诉讼。

2. **应作为被告的第三人**

对于原告在起诉中遗漏了被告，法院要求追加，但当事人不同意追加的，法院应当通知其以第三人的身份参加诉讼。这样，既尊重了原告的意见，又保障了全部当事人的诉权。

[资料链接]

《最高人民法院关于执行〈中华人民共和国行政诉讼法〉若干问题的解释》

第二十三条：原告所起诉的被告不适格，人民法院应当告知原告变更被告；原告不同意变更的，裁定驳回起诉。

应当追加被告而原告不同意追加的，人民法院应当通知其以第三人的身份参加诉讼。

3. 有其他利害关系的第三人

此即有独立观点的第三人，与具体行政行为有利害关系，但既不同于原告，也不同于被告。

[参考案例]

重组案

重组案中，A公司、C公司、D公司、E公司与合作公司都是市商务局的批复行为与商务部的行政复议行为的利害关系人，均由法院作为第三人追加到了行政诉讼案件之中。

4.2.1.3　行政起诉书中列名的第三人（一种比较特殊的情况）

这种情况比较少见，通常原告只是将作出具体行政行为的行政机关或行政复议中改变了原具体行政行为的复议机关作为被告，不会去理会案件中是否还需要列第三人。但是，凡事总有例外，"户外广告强拆案"中，四个行政机关与一个电力公司同时在强拆通知中加盖了公章，电力公司本不属于行政机关，也无法律授权，本来无权签署通知，将其作为被告显然不妥，原告代理律师综合分析利弊，认为在起诉状中直接将其列为第三人比较合适，并希望用此方式彰显出联合执法作出强拆通知在形式上错误与不严肃。法院认同了原告的做法，直接将电力公司作为第三人加入该案诉讼之中。

4.2.2　开庭前律师的工作

4.2.2.1　与第三人建立委托代理关系

1. 会谈的主要内容

1）律师介绍律师事务所的概况与律师的执业经验；2）第三人介绍案件基本事实与相关背景情况；3）律师审阅第三人提供的案件资料，询问、核实情况；4）律师对第三人的问题进行解答；5）律师向第三人提供案件代理方案与律师费用报价；6）双方就委托代理协议的内容进行协商。

2. 需要了解的重点问题

1）行政行为作出的背景情况；2）行政争议处理的过程，是否经过行政复议；3）第三人对于原告陈述的基本事实是否存在异议与补充意见；4）第三人对于被告陈述的基本事实是否存在异议与补充意见；5）第三人对于原告与被告的主张有何异议与补充；6）第三人对于原告与被告提供的证据的意见，是否存在补充证据、可以补强原告或被告的证据，或者，可以证明第三人独立的主张。

3. 签订委托代理协议

具体格式参照第一章中委托代理协议的主要内容。

4.2.2.2　分析原告与被告的争议焦点与诉讼思路

从技术操作角度，寻找争议焦点最简便的方式就是直接归纳、总结原告的起诉状与被告的答辩状中的观点，被告的答辩观点往往就是案件的争议焦点。第三人代理律师应客观评价原、被告的观点与各自的欠缺之处，分析欠缺在于事实与证据方面还是在于法律依据方面，并根据己方当事人的利益诉求进行补充与论证。

[参考案例]

重组案

1. 案件基本事实

A 公司出资 1 200 万美元，分三部分，有关会计师事务所对合作公司注册资本出具过三份"验资报告"，但其后又发生了作出上述"验资报告"的会计师声明"报告不实、失效"及"验资报告"均被撤销的事实。

三部分出资情况为：

1) 人民币 6 500 万元：折合美元 771 万元，"验资报告"证明为 A 公司在内地的下属企业 F 公司的利润收入汇入合作公司账户。

经查证：F 公司并非 A 公司在内地下属企业，6 500 万元为 F 公司在内地银行的贷款。

2) 境内支付凭证 1 552 万元港币（折合 203 万美元）："验资报告"以境外支付凭证作为验资依据。

3) 美元 250 万元：经查证，亦为 F 公司的境内贷款兑换为美元后，由境外汇入合作公司。

2. 原、被告的争议焦点为：A 公司是否依法、依合作合同履行了出资义务

A 公司的诉讼思路：

1 200 万美元的出资虽然不符合法律的规定，但款项已经投入合作公司，并被合作公司用于项目开发，因此，己方仅为出资瑕疵，并不构成出资违约。A 公司的利益与被告商务部的成败密切相关，因此，积极地为商务部寻找事实与法律依据是其必然的选择。

D 公司、E 公司、合作公司的诉讼思路：

A 公司出资方式违反中国法律，且"验资报告"均被撤销，更重要的是工商行政管理部门已对 A 公司的出资问题进行了查处，并认定 A 公司没有完成注册资本出资义务。从行政权属分析，工商行政管理部门有权对公司注册资本出资是否合法、有效进行认定，而商务部没有这方面的权力。D 公司、E 公司、合作公司均同意重组，诉讼中的工作则是策应原告 B 公司的诉讼主张。

C 公司的诉讼思路：

由于 C 公司已通过合作公司重组转让了其手中的股权，利益已经得到实现，但是，如果重组失败，考虑到合作公司的股权仍存在期待价值，C 公司也不反对恢复其合作公司股东的身份。最终，C 公司的诉讼思路就是谁也不支持、谁也不得罪，采取了"无为而治"的态度，完全服从法院的认定与判决。

3. 与案例相关的法律规定

1)《中华人民共和国中外合作经营企业法实施细则》

第 17 条规定："合作各方应当依照有关法律、行政法规的规定和合作企业合同的约定，向合作企业投资或者提供合作条件。"

第 19 条规定："合作各方应当以自有的财产或者财产权利作为投资或者合作条件……"

2)《中外合资经营企业合营各方出资的若干规定》

第 2 条规定："合营各方按照合营合同的规定向合营企业认缴的出资，必须是合营者自己所有的现金、自己所有并且未设立任何担保物权的实物、工业产权、专有技术等。凡是以实物、工业产权、专有技术作价出资的，出资者应当出具拥有所有权和处置权的有效证明。"

第 3 条规定："合营企业任何一方不得用以合营企业名义取得的贷款、租赁的设备或者其他财产以及合营者以外的他人财产作为自己的出资，也不得以合营企业的财产和权益或者合营他方的财产和权益为其出资担保。"

3)《国家外汇管理局关于对外商投资企业外方以人民币投资问题的批复》

规定："一、外商投资必须以外汇投入；二、人民币投资仅限于外商从其合资的企业中所获人民币利润，同时出具当地外汇管理分局的证明；三、对违反以上规定的单位和个人均以套汇论处。"

4.2.2.3 撰写第三人书面诉讼意见

撰写第三人书面诉讼意见，应注意：

(1) 明确表明第三人的态度，支持原告的观点、支持被告的观点还是有独立的主张。

(2) 注意不可同己方"盟友"（原告或被告）出现矛盾的观点与意见。

(3) 充分发挥第三人的协同作用，给予己方盟友以充分支持。这一点对于被告方的第三人特别重要，有些合情、合理但不太合法的观点，被告作为行政机关常常是不便于直接表达出来的。法官审理案件，不可能不考虑情理问题，这时，被告方的第三人就应当积极站出来，充分表达这些对己方有利的观点。

4.2.2.4 准备及提交证据资料

1. 第三人的举证期间

法庭规定了举证期间的，应在该期间完成举证工作；没有规定举证期间的，应在庭审案件事实审理阶段前提交证据。

[资料链接]

《最高人民法院关于行政诉讼证据若干问题的规定》

第七条：原告或者第三人应当在开庭审理前或者人民法院指定的交换证据之日提供证据。因正当事由申请延期提供证据的，经人民法院准许，可以在法庭调查中提供。逾期提供证据的，视为放弃举证权利。

原告或者第三人在第一审程序中无正当事由未提供而在第二审程序中提供的证据，人民法院不予接纳。

2. 第三人的举证要点

第三人举证时，应有全局观念，而不是仅凭单方要求随意提供。

(1) 对于己方"盟友"提交的证据给予支持与补强。

(2) 不因自己的举证行为给予对方可乘之机。

(3) 对于第三人提供了证据线索，但无法自行收集的证据，有权申请法院调取。

[资料链接]

《最高人民法院关于执行〈中华人民共和国行政诉讼法〉若干问题的解释》

第二十八条：有下列情形之一的，被告经人民法院准许可以补充相关的证据：

(一) 被告在作出具体行政行为时已经收集证据，但因不可抗力等正当事由不能提供的；

(二) 原告或者第三人在诉讼过程中，提出了其在被告实施行政行为过程中没有提出的反驳理由或者证据的。

第二十九条：有下列情形之一的，人民法院有权调取证据：

(一) 原告或者第三人及其诉讼代理人提供了证据线索，但无法自行收集而申请人民法院调取的；

(二) 当事人应当提供而无法提供原件或者原物的。

4.2.2.5　准备及提交应诉材料

1. 授权委托书

行政诉讼第三人的权利比较宽泛，与原、被告的权利无甚差别，律师的代理权限分为一般授权代理与特别授权代理。

(1) 一般代理是根据委托人的授权，只能代理当事人行使其一般行政诉讼权利的代理。包括下列内容：1) 代为起诉、应诉；2) 代理申请诉讼保全或证据保全；3) 申请回避；4) 向法庭提供证据与质证；5) 申请执行；6) 双方商定的其他可以代理的事项。

(2) 特别授权代理是根据委托人的授权，除代理当事人行使以上一般诉讼权利外，还可以代理当事人行使、处分实体权利。包括下列内容：1) 代为承认部分或全部诉讼请求；2) 代为放弃、变更或增加诉讼请求；3) 代为反诉；4) 代为提出或申请撤回上诉。

律师事务所在与当事人签订委托代理合同时，除接受一般代理外，还可根据具体情况，接受特别授权代理中的一项或全项。

［示范文本］

授权委托书

委托人：××公司

法定代表人：×××　　　职务：×××

住所：××市××区××路××号

联系电话：×××××××

受委托人：×××

工作单位：北京市××律师事务所　　　职务：律师

地址：××市××区××路××号

邮政编码：×××××

电话：×××××××

现委托上列受委托人在×××诉×××的（2003）二中行初字××号行政诉讼一案中，作为我方的诉讼代理人。

代理人×××的代理权限为：特别授权，包括但不限于，代为承认、变更、放弃诉讼请求；代为申请回避；代为提起诉讼保全；代为提起证据保全；代为出庭；代为提交证据与申请法院调查取证；代为提起上诉；代收法律文书等。

受委托人在授权范围内代表委托人所作的一切法律行为，委托人均予以承认。

委托人：×××公司

日期：××××年××月××日

2. 法定代表人身份证明

（样式略，参见第二章相关内容）

3. 第三人的企业/事业法人营业执照副本复印件或组织机构代码证复印件

（样式略，参见第二章相关内容）

4.2.3 开庭时律师的工作

律师代理第三人开庭既存在有利之处，又有被动之处。有利之处在于第三人最后发表意见，可以洞悉法庭审理中各方的全部观点，再有的放矢地发表己方意见。被动之处在于，如果己方"盟友"开局不利、表现不佳，第三人再去扭转局势比较吃力。因此，律师在出庭前与"盟友"之间的充分沟通显得格外重要。尤其是被告方第三人的律师更需要较强的业务水平与沟通能力。被告作为政府机关，其工作人员往往"权重事多"，又比较强势，沟通起来多不轻松，律师应做好充分的准备工作，事先将各种细节问题都考虑清楚，这样可以提高沟通效果并赢得被告的信任与支持。

4.2.3.1　法庭调查中的工作

法庭调查中，律师有三项主要任务：一是协助法庭正确归纳案件争议焦点，二是充分展示对第三人有利的事实，三是正确完成举证与质证工作。

4.2.3.2　法庭辩论中的工作

法庭辩论是围绕争议焦点进行的论辩，是就现有事实如何适用法律的辩论，辩论的基础是事实确实、证据确凿。律师代理第三人进行法庭辩论，应重点突出、逻辑严密，避免不必要的重复。原告方第三人的辩论重点主要为补充原告遗漏的要点与指出被告方的错误。被告方第三人的辩论重点主要在于被告不宜发表的观点以及不掌握的具体事实情况，同时，对于原告方的错误也应明确指出与批驳。

4.2.3.3　最后陈述

第三人应根据法庭调查与法庭辩论的问题，确定是坚持自己的诉讼主张还是有所改变，一般表达为"坚持我方的庭审意见"。

4.2.4　庭后律师的工作

律师根据庭审情况应进行归纳与总结，就庭审中的主要问题向第三人汇报，及时完成法庭要求的事实查证与证据补充工作，对法庭辩论中己方的观点进行总结，对不足之处进行查漏补缺，撰写代理意见并提交法庭。

4.2.4.1　庭审情况汇报

律师开庭后应将庭审的情况尽快向当事人进行汇报，汇报的内容包括：（1）合议庭组成情况；（2）各方出庭人员情况；（3）各方的质证意见；（4）各方补充了何种新的观点；（5）法庭归纳的争议焦点是什么；（6）各方的发问包括什么内容；（7）法庭要求各方补充了解的事实；（8）法庭要求提供补充事实、补交材料与提交代理意见的期间。

4.2.4.2　补充新的证据及资料

补充新的证据及资料，既应包括法庭要求提交的，也应包括我方觉得应补交的证据及资料，而不必拘泥于举证期间的规定。对于庭后发现的主要证据（即决定案件的性质与走向的证据），应当慎重处理，最好是申请法院主动调取证据，根据《行政诉讼法》的规定，法院并不受举证期间的限制，为了了解案件真实情况，法官可以主动调取证据。目前审判实践中，多数法官还是比较认同"事实公正原则"，对于决定案件性质的证据一般不会采取置之不理的态度。

4.2.4.3 根据案件审理情况起草并提交代理意见

律师代理意见是非常重要的诉讼文件，其作用甚至超过了"第三人诉讼意见"。经常有律师会忽视代理意见的重要性，认为：经过前期庭审工作，律师在法庭上也已将己方的观点进行了充分的论证，相信审判法官已经对整个案件有了足够的认识，律师撰写代理意见，只要提纲挈领地写一写就可以了。实际上，这种认识是片面的。庭审时间非常有限，特别是辩论中各方你来我往、唇枪舌剑，法官的注意力有限，很可能忽略了重要的内容。因此，律师有必要认真将案件的主要事实情况、关键证据的质证意见以及焦点问题的法律适用内容均写入代理意见中。

在撰写代理意见前，应对案件审理情况进行梳理，着重考虑：（1）案件事实是否已查清；（2）主要证据的质证意见是否明确无误；（3）争议焦点问题是否明确；（4）适用法律问题的辩论意见是否充分与明确；（5）是否还存在混淆不清的问题需要向法庭阐明。

在具体撰写代理意见时，要重点突出、层次分明，特别应注意标题要明确、醒目，重点内容要加重或加下划线，充分给予提示。

4.2.4.4 汇报判决情况并协助第三人确定是否上诉

律师在收到法院判决后，应及时通知当事人，并对判决内容给出分析意见。如果判决结果不利于我方当事人，应及时协助当事人完成上诉状准备与提交工作。特别注意上诉时效问题，对判决的上诉期间为收到判决书之日起 15 日内，对裁定的上诉期间为收到裁定书之日起 10 日内。

[资料链接]

《最高人民法院关于执行〈中华人民共和国行政诉讼法〉若干问题的解释》

第二十四条：行政机关的同一具体行政行为涉及两个以上利害关系人，其中一部分利害关系人对具体行政行为不服提起诉讼，人民法院应当通知没有起诉的其他利害关系人作为第三人参加诉讼。

第三人有权提出与本案有关的诉讼主张，对人民法院的一审判决不服，有权提起上诉。

《中华人民共和国行政诉讼法》

第五十八条：当事人不服人民法院第一审判决的，有权在判决书送达之日起十五日内向上一级人民法院提起上诉。当事人不服人民法院第一审裁定的，有权在裁定书送达之日起十日内向上一级人民法院提起上诉。逾期不提起上诉的，人民法院的第一审判决或者裁定发生法律效力。

练习与测试

   1. 如何界定行政诉讼中的第三人？

   2. 行政诉讼中的第三人是不是当事人？

   3. 行政诉讼中的第三人与民事诉讼中的第三人有什么区别？

   4. 行政诉讼中，原告撤诉了，案件是否继续开庭审理？

   5. 行政案件中类似被告的第三人经合法传唤未到庭参与诉讼，是否按放弃本案处理？

单元总结

   本章介绍了行政诉讼第三人代理工作的特殊要点，并对律师的工作进行了全面梳理。

第5章

行政诉讼证据的收集、举证与质证

单元要点

行政诉讼中的证据收集范围存在一定的限制，原告与被告的证据收集规则不同，举证责任分配有特定的规则，证据质证需要了解一定的规则。

学习目标

全面掌握行政诉讼的证据规则。

5.1　原告律师对行政诉讼证据的收集、举证与质证

5.1.1　原告律师对行政诉讼证据的收集

5.1.1.1　原告律师对行政诉讼证据的收集方式

不同于民事诉讼中的"谁主张、谁举证"原则，行政诉讼中由被告就具体行政行为的合法性承担举证责任。但是，根据有关法律规定和司法裁判实践经验，原告应当对一些程序性事项和基础性事实负责举证，以推动行政诉讼程序的顺利进行。因此，原告对下列事项应当收集和提出证据加以证明：（1）起诉符合法定条件的证据，例如，有明确的被告、有具体的诉讼请求和事实根据、案件属于人民法院受案范围和受诉人民法院管辖，等等。（2）被告不作为的证据。在起诉被告不作为的案件中，原告应当提供其在行政程序中曾经提出申请的证据材料，但有下列情形的除外：1）被告应当依职权主动履行法定职责的；2）原告因被告受理申请的登记制度不完备等正当事由不能提供相关证据材料并能够作出合理说明的。（3）行政赔偿诉讼中的证据。在行政赔偿诉讼中，原告应当对被诉具体行政行为造成损害的事实提供证据。也就是说，原告必须对行为的存在、损害的存在以及行为与损害之间的因果关系予以证明，否则，可能会被法院判决驳回行政赔偿请求。①

1. 原告律师自行收集证据

律师在接受当事人的委托以后，其首要工作之一是对委托人或当事人进行收集证据的辅导，即通过询问，辅导当事人协助律师去发现、回忆案件事实和证据线索。例如，有位案件当事人来到律师事务所，向律师陈述自己申领相关许可证，但无缘无故遭到行政机关拒绝办理，而与当事人同样条件的他人则办理成功。此时律师应当：第一，初步查清行政机关不予办理相关许可证的明确理由；第二，根据该理由分析行政机关的理由是否合乎法律规

---

① 参见张峰主编：《律师行政法业务》，297 页，北京，法律出版社，2008。

定、是否充分；第三，结合上述理由，分析当事人所掌握的辩驳类证据是否确实充分、是否合法、是否关联；第四，在上述证据分析的基础上确定代理思路，进而形成证据目录。

律师的进一步工作在于协助当事人拓展证据收集思路，力争在证据收集上获得充分的证据或在证据收集上有所突破而发现隐含的证据或证据线索。例如，有位行政诉讼案件当事人在接受律师询问时表示，处理案件的行政机关的工作人员曾暗示该案在行政机关作出决定时曾经依据了该行政机关以外的其他行政机关的相关文件。这时，律师就应当充分发挥其收集证据的专业能力，或申请政府信息公开，或申请法院出具调查令进行证据收集，从而为案件的理想结局的形成创造条件。

2. 原告律师申请人民法院收集证据

律师作为原告的代理人时，应当提出证据证明起诉符合法定条件，如在起诉被告不作为案件中，证明原告曾经提出申请的事实，等等。

多数情况下，证据由律师自己去收集，但有些证据是案件必需的却又为律师力所不能及，对于这些证据，律师可以申请人民法院取证。但值得注意的是，人民法院依职权调查收集证据或调取证据，应以当事人充分履行举证为前提，其仅是对当事人举证不能的司法救济，是举证制度的补充。根据《最高人民法院关于执行〈中华人民共和国行政法〉若干问题的解释》（以下简称《行诉解释》）第 29 条和司法实践经验①，人民法院收集、调取证据一般基于下列几种情况：（1）被告在行政程序中收集的对原告有利但没有采用的证据；（2）其他行政机关现有的规范性文件或能够证明被告作出具体行政行为违法的证据；（3）被告的具体行政行为具有不制作文书、不送达等违法情形，原告提供线索，但不能自行收集的证据；（4）被告作出具体行政行为所依据的事实证据是违法所得的，原告提出线索，但由于客观原因难以收集的证据；（5）原告客观上难以自行收集的证据，如涉及国家机密的文件和档案、涉及个人隐私的材料等；（6）人民法院认为需要调取的其他证据。

《最高人民法院关于行政诉讼证据的若干规定》（以下简称《证据规定》）第 23 条规定：原告或者第三人不能自行收集，但能够提供确切线索的，可以申请人民法院调取下列证据材料：（1）由国家有关部门保存而须由人民法院调取的证据材料；（2）涉及国家秘密、商业秘密、个人隐私的证据材料；（3）确因客观原因不能自行收集的其他证据材料。人民法院不得为证明被诉具体行政行为的合法性，调取被告在作出具体行政行为时未收集的证据。该司法解释规定了人民法院可依原告或第三人的申请调取证据，规定了人民法院调取证据的范围和程序等，有利于弥补原告或第三人提供证据能力的不足。根据上述司法解释的规定，在下述情况下，行政诉讼的原告或者第三人可以申请人民法院调查、收集证据：

（1）国家有关部门保存的档案材料。"国家有关部门保存的档案材料"是指过去和现在的国家机构、社会组织和个人从事政治、军事、经济、科学、技术、文化、宗教等活动

---

① 《行诉解释》第 29 条规定的人民法院有权调取证据的情形有两种：第一，原告或者第三人及其诉讼代理人提供了证据线索，但无法自行收集而申请人民法院调取的。第二，当事人应当提供而无法提供原件或者原物的。这种理解较为宽泛的规定在司法实践中难于严格界定，因此衍生出较为多样的具体适用情形。

而直接形成的对国家和社会有保存价值的各种文字、图片、声像等不同形式的历史记录。档案分为两种：已开放的档案和未开放的档案。公民和组织持介绍信或者工作证、身份证等合法证明，可以查阅已经开放的档案。而要阅览、复制和摘录未开放的保密档案，必须经馆长同意，必要时要报请上级主管机关审查、批准。对保密档案的阅览、复制或者摘录的限制大于普通档案，密级越高，阅览、复制或者摘录的限制越严格。当事人申请调查、收集的证据，属于国家有关部门保存，当事人不能自行调查收集，须由人民法院依职权调取的档案材料，必须向人民法院提出调查收集证据的申请。①

（2）涉及国家秘密、商业秘密、个人隐私的材料。国家秘密是关系国家的安全和利益，依照法定程序确定，在一定时间内只限一定范围内的人员知悉的事项，包括：1）国家事务的重大决策中的秘密事项；2）国防建设和武装力量活动中的秘密事项；3）国民经济和社会发展中的秘密事项；4）科学技术中的秘密事项；5）维护国家安全活动和追查刑事犯罪中的秘密事项；6）外交和外事活动中的秘密事项以及对外承担保密义务的事项；7）其他经国家保密工作部门确定应当保守的国家秘密事项。商业秘密则是指不为公众所知悉、能为权利人带来经济利益、具有实用性并经采取保密措施的技术信息和经营信息。商业秘密的构成要件之一是其秘密性，即这种技术信息和经营信息不为权利人以外的人所知悉，一旦被他人知悉，就会给权利人造成经济损失，因此，涉及商业秘密的信息不能向一般人开放。个人隐私，又称个人私人生活秘密，是指私人生活安宁不受他人非法干扰，私人信息秘密不受他人非法收集、刺探和公开等。一般认为个人隐私包括以下内容：1）公民的姓名、肖像、住址、住宅电话、身体肌肤状态（尤其是性器官）；2）个人活动，尤其是住宅内的活动不得被监视、监听、窥视、摄影、录像；3）住宅不受非法侵入、窥视或骚扰；4）性生活；5）私人储蓄、财产状况不受非法调查和公布；6）私人通信、日记和其他私人文件、个人数据（包括电脑里的个人数据）；7）公民的档案材料；8）公民不向社会公开的过去或现在纯属个人的情况（如多次失恋、被罪犯强奸、患有某种疾病或者曾患有某种疾病），等等。

（3）确因客观原因不能自行收集的其他材料。这是一个弹性条款，用来概指前述两种情况以外的材料，当然，必须限于确因客观原因不能自行收集的其他材料。如果当事人因为人力、物力、财力的限制不能自行收集证据，不属于客观原因的范畴。在实践中，当事人申请人民法院调查、收集证据还必须具备以下条件：当事人申请人民法院调查、收集证据，应当提供证据线索，而且该线索应与证据有实质联系；当事人应当缴纳人民法院调查、收集证据的必要费用。

[实例解析]

案情简介

甲公司向工商行政管理部门举报，乙公司通过贿赂甲公司员工的方式窃取甲公司客户资料，进行不正当竞争。工商行政管理部门经过调查后对乙公司进行了处罚。乙公司对工

---

① 参见鲍雷、刘玉民主编：《用证据说话——行政证据的收集、保存、提交》，80 页，北京，人民法院出版社，2005。

商行政管理部门的行政处罚决定不服，向人民法院提起行政诉讼，认为工商行政管理部门认定事实有误，请求撤销行政处罚决定；同时，乙公司向人民法院提交了本公司近期业务开展情况的介绍，并提出提取甲公司的客户资料以供对比审查的申请。①

法律分析

在本案中，工商行政管理部门根据甲公司的举报，认定乙公司存在窃取他人商业秘密的不正当竞争行为，从而对其进行了行政处罚。乙公司对处罚不服，向人民法院提起行政诉讼。为了证明本公司不存在侵犯他人商业秘密的事实，乙公司向法庭提交了本公司近期的业务开展情况作为证据，同时申请人民法院调取甲公司的客户资料进行比较，以确定本公司是否存在窃取他人客户资料、进行不正当竞争的行为。因此，本案中，甲公司的客户资料是非常重要的关键证据。但由于该资料属于商业秘密，乙公司自己没有办法收集。按照《证据规定》，乙公司可以申请人民法院调取该证据资料。

申请人民法院调取证据的，需制作调取证据申请文件。《证据规定》第 24 条规定：当事人申请人民法院调取证据的，应当在举证期限内提交调取证据申请书。调取证据申请书应当写明下列内容：（1）证据持有人的姓名或者名称、住址等基本情况；（2）拟调取证据的内容；（3）申请调取证据的原因及其要证明的案件事实。第 25 条规定：人民法院对当事人调取证据的申请，经审查符合调取证据条件的，应当及时决定调取；不符合调取证据条件的，应当向当事人或者其诉讼代理人送达通知书，说明不准许调取的理由。当事人及其诉讼代理人可以在收到通知书之日起 3 日内向受理申请的人民法院书面申请复议一次。人民法院应当在收到复议申请之日 5 日内作出答复。人民法院根据当事人申请，经调取未能取得相应证据的，应当告知申请人并说明原因。第 26 条规定：人民法院需要调取的证据在异地的，可以书面委托证据所在地人民法院调取。受托人民法院应当在收到委托书后，按照委托要求及时完成调取证据工作，送交委托人民法院。受托人民法院不能完成委托内容的，应当告知委托的人民法院并说明原因。

申请人民法院调取证据的诉讼阶段，一般在人民法院立案之后、正式开庭之前。当然，在人民法院开庭的过程中也可以申请人民法院调查取证。人民法院调查和收集证据的基本方式有调查询问、调取有关材料、提交鉴定和勘验检查。

申请人民法院调查取证的申请书制作可见下表：

[示范文本]

申请人民法院调取证据书

某某人民法院：

贵院受理的某某诉某某市住建委撤销房屋登记案件，现本案原告某某为证实案件中某

---

① 参见鲍雷、刘玉民主编：《用证据说话——行政证据的收集、保存、提交》，79 页，北京，人民法院出版社，2005。

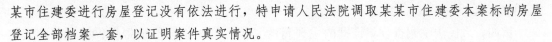

某市住建委进行房屋登记没有依法进行，特申请人民法院调取某某市住建委本案标的房屋登记全部档案一套，以证明案件真实情况。

恩请贵院依法准许。

申请人：

××××年××月××日

以上是对法院调查取证具体情形的介绍，实践中法院在行使调查取证的权力时，还需要特别注意以下几点：

第一，人民法院调查取证应当以当事人充分自行举证为前提。我国《行政诉讼法》第34条强调法院要求当事人提供或补充证据，其目的在于指出法院调查取证应以当事人提供证据为前提。这是符合诉讼举证责任分配中说服责任和推进责任的要求。争议是当事人之间发生的，当事人对案件事实理应最清楚，有责任提供证据协助法院查清事实。法院调查取证的直接目的主要在于审查、评定已有的证据，不能完全包办代替当事人提供证据的责任，因此，只有在确有必要时才亲自收集证据。对于被告而言，负有举证责任的行政机关在作出行政行为时，应当就有关事实进行充分的证据调查，其诉讼中的举证能力一般也不会发生困难。这样，法院主动收集证据的情况不应很频繁地发生，取证范围也应根据审查证据的需要而有所侧重。对于原告而言，应在行政诉讼受案条件、主张赔偿问题、行政处罚显失公正以及被告不作为案件中承担举证责任。

第二，人民法院有权要求当事人提供或补充证据。《证据规定》第9条规定：根据《行政诉讼法》第34条第1款的规定，人民法院有权要求当事人提供或者补充证据。对当事人无争议，但涉及国家利益、公共利益或者他人合法权益的事实，人民法院可以责令当事人提供或者补充有关证据。当事人是案件的直接利害关系人，主观上总是想胜诉，对于不利于自己的证据可能不提供。在行政诉讼中，双方当事人的举证能力不均等，再加上当事人受法律知识的限制，该举证的不知道举证的情况时有发生，这样，人民法院要求当事人提供和补充证据是必要的。在下列情况下，人民法院有权要求当事人提供和补充证据：一是当事人提供了主要证据，没有提供次要证据；二是当事人提供了次要证据而没有提供主要证据；三是当事人提供了对自己有利的证据，而故意不提供对自己不利的证据；四是当事人虽然掌握了证据，但出于种种原因未向法院提供或全部提供；五是当事人提供的证据不够准确，如证言比较含糊、物证不够完整等；六是某项证据的成立，要有其他证据佐证，当事人并未提供这类证据。在这种情况下，人民法院有权要求当事人提供或补充证据。即使是"当事人无争议，但涉及国家利益、公共利益或者他人合法权益的事实"，人民法院也可以责令当事人提供或者补充有关证据。[1]

第三，在保证证据的客观、公正性的要求下，人民法院应当主动收集和调查证据。鉴于行政诉讼的特殊性，在一定的情况下，必须由人民法院直接向有关行政机关以及其他证

---

① 参见鲍雷、刘玉民主编：《用证据说话——行政证据的收集、保存、提交》，76～77页，北京，人民法院出版社，2005。

人调取证据。

第四，人民法院调查收集证据的主要目的是核实证据，即对被告提供的证据的真实性、相关性和合法性，以及原、被告提供的相互矛盾的证据和涉及定案根据且原告又有争议的证据进行核实，而不能无的放矢地全面调查收集证据。同时，人民法院调查取证必须依照法定程序进行，收集的证据应当在庭审中宣示，并就证据的来源、调查收集证据的时间和程序作简要说明，让原、被告双方对人民法院依职权调查收集的证据有正确的了解和认识，从而提高行政审判的公开性和公正性。

3. 原告律师在收集证据过程中的注意事项

原告律师在行政诉讼中调查收集证据应着重注意下列事项：第一，应按照法律规定的举证情形收集法律规定的证据材料或者可以不予举证的证据材料。例如，《证据规定》第68条第1款规定：下列事实法庭可以直接认定：（1）众所周知的事实；（2）自然规律及定理；（3）按照法律规定推定的事实；（4）已经依法证明的事实；（5）根据日常生活经验法则推定的事实。因此，对于上述事实律师无须收集证据加以证明，除非当事人有相反的证据足以推翻。第二，应当紧紧围绕诉讼目的收集相关证据。律师在代理原告收集证据时，应当完成证明被告的具体行政行为具有违法性的举证责任，对于可以证明被诉具体行政行为是否具有合理性的证据采集，除非是涉及行政处罚行为的诉讼，否则不应当成为律师采证的主要方向和目的。① 第三，收集的证据应当符合法定形式。《行政诉讼法》第31条规定的证据有以下几种：书证、物证、视听资料、证人证言、当事人陈述、鉴定结论、勘验笔录、现场笔录。《证据规定》对这几种证据的采集和内容也作出了具体的要求，如果律师收集的证据不具备这些法定的形式和要求，就应当将其排除于法庭出示证据之外。第四，收集的证据应当具备关联性、合法性和真实性。证据的关联性也称为证据的相关性，是指案卷中的证据材料与案件中待证事实之间具有的某种直接的或者间接的关系，即证明案件事实的可能性。它是证据"三性"中最重要的属性。只有证据具有关联性，才能在法庭上进一步审查其合法性、真实性及证明效力。② 证据的合法性主要是指证据在形式上、取得方式上和程序上要符合法律规定。《证据规定》第57条第1项至第5项和第9项规定了不具有合法性、不能作为定案根据的证据材料，例如，"以偷拍、偷录、窃听等手段获取侵害他人合法权益的证据材料""以利诱、欺诈、胁迫、暴力等不正当手段获取的证据材料"，等等。证据的真实性是指证据材料所反映或证明的案件事实与客观事实一致。认定证据的真实性是法庭质证认证阶段的主要任务，但是基于证据收集和证据质证阶段的关联性与一致性，律师在证据收集过程中应当注重对具有较强真实性证据的调查取证。

---

① 《行政诉讼法》第5条规定：人民法院审理行政案件，对具体行政行为是否合法进行审查。第54条第4项规定：行政处罚显失公正的，可以判决变更。因此，行政诉讼主要是针对具体行政行为是否具有合法性进行司法审查，具体行政行为是否合理不属于人民法院审查范围。但是存在一种例外情况，即行政处罚行为不合理的（显失公正），人民法院可以判决变更。

② 参见丁洪广：《行政诉讼证据"三性"的认定》，载《法制与社会》，2011（2）。

5.1.1.2　原告律师对行政诉讼证据的取证和分析

在审判实践中，当事人提供的各类证据往往存在这样或那样的问题，给质证、认证带来困难，造成诉讼拖延，甚至个别案件发生认定错误。为了规范当事人提供证据，提高审判效率，保障案件的公正审判，《行政诉讼法》、《行诉解释》和《证据规定》等分别对当事人向法院提供的各类证据及有关问题提出了具体要求。因此，律师在协助当事人进行调查取证的过程中应重视对这些证据规则的研究分析，确保向法庭提交的证据无论在形式上还是在内容上都符合法律规范所确定的具体标准。

1. 书证、物证、视听资料、电子数据证据等各类证据

（1）书证。书证是行政诉讼中重要的证据之一，也是最常见的证据种类。按照不同标准，书证可以分为不同类型，律师界通常区分为原件、复制件、影印件、节录件和译制件等。[①] 律师在取得书证证据时应注意下列问题：第一，通过政府信息公开手段，积极申请政府信息公开，通过这种新型方式获取以其他取证手段不易取得的证据。目前政府信息公开申请的步骤一般为：填写政府信息公开申请表、递交政府信息公开申请书至政府信息公开办公机构、取得政府信息公开通知和所需要的有关文件。第二，注意获取政府网站信息和网上书证。第三，注意取得书证证据和公证手段的结合，提高证据效力。第四，注意取得书证证据的合法性，主要指取得程序和方式上的合法性以及内容上的合法性。

（2）物证。物证在行政诉讼中使用较为广泛。行政诉讼中的物证比较其他诉讼程序，在取得难度上要相对大一些。实践中要注意下列要点的把握：第一，注意物证的取得与拍照、录像、等视听资料证据、电子数据证据的相互交叉，使物证证据的效力更加充分。第二，注意有些物证证据的易变质、易灭失、易变化的特点，在收集证据时充分注意所收集物证证据的保全，必要时与公证手段互相结合，从而保证所收集的物证证据效力的充分。第三，注意取得物证证据的手段、方式、方法的合法性。

（3）视听资料。将视听资料作为诉讼证据是现代科学技术的发展成果引入诉讼领域的结果，它是行政诉讼中的独立证据之一，既不是书证，也不是物证，却兼有书证和物证的共同特征。关于视听资料证据的收集主要应注意下列问题：第一，收集视听资料证据不得违反善良风俗，否则不具有证据效力。第二，注意取得视听资料证据的手段、方式、方法的合法性。[②] 收集视听资料证据不得侵害他人基本人权或采用其他违法手段。以非法手段，在违背他人意志的情况下，取得的"私录"，不能表达当事人的内心真实，不能作为证据使用。第三，当事人与他人恶意串通形成的虚假的视听资料不具有证据效力。第四，

---

① 载有一定的思想内容或者情况，法律上并不要求具备特定形式或者履行特定的手续的书证，称为普通书证；载有一定的思想内容或者情况，法律上要求具备特定形式或者履行特定的手续的书证，称为特定书证，例如工商行政管理部门核发的营业执照、卫生主管机关核发的卫生许可证，等等。参见蔡小雪：《行政诉讼证据规则集运用》，61页，北京，人民法院出版社，2006。

② 《证据规定》第57条规定："严重违反法定程序收集的证据材料"、"以偷拍、偷录、窃听等手段获取侵害他人合法权益的证据材料"、"以利诱、欺诈、胁迫、暴力等不正当手段获取的证据材料"不能作为定案依据。第58条规定："以违反法律禁止性规定或者侵犯他人合法权益的方法取得的证据，不能作为认定案件事实的依据。"

以下情形可作为例外，即对其证据效力应予以肯定，例如对方滥用权利、损害程序公正或者对方在阻却（排除）事由上负有举证责任但举证不能等情形。

（4）电子数据证据。电子数据证据简称"电子证据"，它有三个基本特征：1）数字化的存在形式；2）不固定依附特定的载体；3）可以多次原样复制。鉴于电子数据证据的特殊性，在调查取证过程中应当注意"及时取证"和"无损取证"：第一，不能直接对原始电子证据进行分析和检验鉴定。第二，对电子证据进行复制时，要使用洁净的存储设备实施精确复制，同时制作多个备份并进行校验，确保每个复制件与原件一致。第三，以防篡改技术手段保障电子数据证据的原始性。第四，分析数据的计算机系统、辅助软件和分析方法必须安全可信。第五，整个取证过程，包括检验鉴定过程，都必须详细记录并受到监督。第六，注意取得电子数据证据的手段、方式、方法的合法性。

2. 证人证言

根据法律的要求，证人必须同时具备两个条件：一是证人必须是直接或间接知道案件情况的自然人。这是证人资格的基本条件。二是证人必须具有辨别是非和正确表达的能力。这是证人资格的限制条件。精神上有缺陷或者年幼不能辨别是非、不能正确表达的人应被排除在证人范围之外。凡符合这两个条件的自然人不分性别、种族、职业、宗教信仰、文化程度即可成为证人，并都具有作证的义务。①

（1）为保证证人证言证据的有效、效力充分、证明力强，当出现多个证人时，律师应当对证人进行遴选，在遴选过程中考虑的因素一般如下：A. 对于案件事实感知的条件的优越度；B. 证人年龄符合法定作证年龄；C. 证人的智力程度及对作证的影响；D. 证人的一般道德水准以及该种因素对证据效力的影响；E. 专业证人与专业因素；F. 其他应当考虑的因素。

（2）对证人的遴选，由律师对证人进行专业性的最初询问无疑是必要的和重要的。律师往往通过这种最初询问达到下列目的：A. 进一步了解案件情况特别是细节；B. 把握证人的基本情况，分析其作证的未来效力；C. 条理化证人的作证思路和案件事实回顾逻辑。

（3）在完成上述工作之后，律师的下一步工作就是编制证人名单，并按期提交法庭。证人名单的内容主要包括：A. 证人的基本情况；B. 主要证明内容；C. 证人出庭作证的意愿。

3. 当事人陈述

当事人陈述与证人证言均属于言词性证据，两者在很多方面具有相同性，所不同的是，证人不是案件的当事人。当事人陈述是当事人自己对其所了解的案件事实所作出的叙述。对于代理律师而言，当事人陈述是一项最容易取得、最有用的证据。这是因为：第一，当事人在决定聘请律师之后，往往会与律师进行深入的沟通；第二，案件事实如何，律师往往是首先通过当事人来了解的；第三，当事人是行政诉讼案件的利害关系人，他对于律师了解案件真实情况是最为积极的；第四，当事人陈述是人的陈述，因而从取证过程来讲最为方便和容易。

---

① 参见蔡小雪：《行政诉讼证据规则及运用》，68页，北京，人民法院出版社，2006。

对当事人陈述这种证据的收集应着重把握以下原则：

（1）当事人是行政诉讼案件的一方利害关系人，因而很容易出现倾向于己方的主观色彩，容易作出有利于自己的不客观的叙述。在取得这种证据时尤为要注意把握对这种证据的客观性分析和客观性取得手段的注意。

（2）案件事实如何，律师往往是首先通过当事人来了解的。当事人自己知道得最清楚，因而在收集这种证据时要注意其主观片面性，应当注意与其他类型的证据进行比对分析。

（3）实践中律师在引导当事人陈述时，应当注意以下要点：第一，制作谈话记录；第二，条理化当事人陈述；第三，引导当事人叙述全部案件细节。

4. 鉴定结论、现场笔录、勘验笔录

（1）鉴定结论。鉴定结论在行政诉讼中常见的有医疗事故鉴定、产品质量鉴定、药品质量鉴定、审计分析鉴定等等。鉴定结论作为一种独立的证据，具有三个基本特征：第一，其是鉴定人对案件中的专门性问题提出的客观理性的意见，不是感性认识；第二，鉴定结论只是鉴定人就案件中的专门性问题发表意见，而不解决法律问题；第三，鉴定结论的形成需要经过一套完整的法律程序，整个过程要经历以下阶段：鉴定人接受鉴定、对鉴定资料的分析判断、作出鉴定结论。[①] 由于鉴定结论具有以上特殊性，律师协助当事人向法院提供鉴定结论时，应当具备以下内容：A. 委托人和委托鉴定事项。B. 向鉴定部门提交的相关材料。鉴定结论所依据的材料的真实性和全面性是保证作出正确结论的前提和基础，人民法院一般会对鉴定材料的真实性和合法性进行审查。C. 鉴定的依据和使用的科学技术。D. 鉴定部门和鉴定人资格的说明。E. 鉴定人的签名和鉴定部门的盖章。这主要是为了便于法院向鉴定人或鉴定机构调查、核实，确认鉴定结论的真实性、准确性。F. 通过分析的鉴定结论应当说明分析过程，提供分析过程的说明。这对于法官或者其他专家审查鉴定人的主观判断是否正确是十分必要的。

（2）现场笔录、勘验笔录。现场笔录和勘验笔录一般是律师作为被告代理人时所提交的证据。现场笔录是我国行政诉讼法规定的一种独有的证据，例如，交通警察对骑自行车闯红灯的人在当场作出的行政处罚决定上所作的记录；卫生行政机关对出售腐烂变质食品现场制作的笔录，等等。《证据规定》对被告提供的现场笔录提出以下两项具体要求：第一，被告提供的现场笔录应当载明时间、地点和事件内容。如果行政机关向法院提供其制作的现场笔录中没有记载案件的内容和过程，则这一笔录不能作为有效的证据对待。第二，被告提供的现场笔录应当有执法人员、当事人或者其他在场人的签名。当事人拒绝签名或者不能签名的，应当注明原因。有其他人在场的，可由其他人签名。律师在代理被告行政机关提交现场笔录作为证据时，应当着重审查现场笔录是否符合上述两项要求，以确保证据的合法性和有效性。

《证据规定》对被告提供勘验笔录没有作出专门要求，而且勘验笔录与现场笔录性质基本相同，因此可以认为，对被告提供的勘验笔录的要求应当与对其提供的现场笔录的要

---

① 参见蔡小雪：《行政诉讼证据规则及运用》，68 页，北京，人民法院出版社，2006。

求基本相同，即可以参照《证据规定》中有关现场笔录的提供要求对勘验笔录的形式合法性和内容有效性进行分析审查。

5.1.1.3 原告律师对行政诉讼证据的整理

在收集到证据材料之后，原告律师应当围绕诉讼目的并依据《行政诉讼法》和最高人民法院相关司法解释对证据资料进行整理。

（1）制作证据目录。行政诉讼证据目录的制作一般有两种方式。第一种方式与民事诉讼证据目录制作方式大体相同，一般包括：证据编号、证据名称、证据形式（原件还是复印件）、证据数目、证明目的、证明内容、备注、证据提交人、证据提交日期等。一般格式见下表：

日立造船株式会社诉北京市发改委投诉不予受理案件证据目录

（原告提供）

编号	证据名称	证据形式	证据页数	证明目的	证明内容	备注
1	中标通知书	书证	7	被第三人废止的是原告合法中标	原告在本案中依法已经中标	

证据提交人：

××××年××月××日

第二种方式为就每一份证据单独列示其形式、目的、作用等。

这里，证明目的与证明内容有时可以择其一，即说明用这件证据要证明什么；有时，根据案件证明链条的需要或证明逻辑关系的需要，可以分别列出证明目的与证明内容。如下图：

日立造船株式会社诉北京市发改委投诉不予受理案件证据目录

（原告提供）

证据编号：001

证据名称：中标通知书

证据形式：书证

证明目的：原告在本案中依法已经中标。

备注：本案复议阶段已经提交

证据提交人：

××××年××月××日

实务界中，有的律师在编制证据目录时，比较愿意在上述证据目录的基础上，再列出所依据的法律法规目录。这种编制方法实际上是在向法院提交证据目录的同时，提交法规目录，其实际作用当然优于仅仅提交证据目录。根据近年来最高人民法院和一些地方法院在审理行政诉讼案件时，在判决书中示列法律法规名称及/或法律法规条文，以及欧美国家在判词中示列法律法规条文的做法，上述提交法律法规目录的做法与之有所接近，且更为准确和规范。如下图：

日立造船株式会社诉北京市发改委投诉不予受理案件法律法规目录
（原告提供）

法规编号：001

法规名称：《_____》

法规条目及适用本案内容：

备注：

提交人：

××××年××月××日

（2）申请人民法院，依法对证据进行保全。根据《行政诉讼法》第 36 条的规定，在以下两种情况下，人民法院可以对证据进行保全：第一，证据有可能灭失；第二，证据以后难以取得。人民法院可以依职权或者当事人申请对证据进行保全，并根据证据的属性采取相应的保全措施。因此，在整理证据过程中发现有必要申请保全的证据，应申请保全。

申请人民法院保全证据的申请书制作可见下图：

申请人民法院保全证据书

某某人民法院：

贵院受理的某某某诉某某市住建委撤销房屋登记案件，现本案原告某某为防止证实案件中某某市住建委进行房屋登记没有依法进行的某某市住建委本案标的房屋登记全部档案一套灭失，特申请人民法院依法对该套档案予以保全，以有利于本案诉讼顺利进行。

恳请贵院依法准许。

申请人：

××××年××月××日

5.1.1.4　原告律师对行政诉讼证据的提交

提交证据时，首先要按照规定的要求提供。根据有关规定，当事人应当对其提交的证据材料分类编号，对证据材料的来源、证明对象和证明内容作简要说明，签名或盖章，注明提交日期。

首先，法院一般要求诉讼当事人填写法院格式化的证据清单。各地法院的证据清单格式不尽相同，但一般都是按照最高人民法院发布的《〈关于民事诉讼证据的若干规定〉文书样式（试行）》的规定来制作。具体样式可见上述"制作证据目录"时的表格。

其次，律师应协助当事人在法定期限内提供有关证据。在起诉阶段，原告应当提供足以支持起诉符合立案条件的证据。在法院受理起诉之后，如果法院发出举证通知书，要求原告在指定之日提供与案件有关的证据，则原告应当按照法庭指定的日期提供其需要提交的全部证据材料；如果法院没有指定一个举证期限，原告应当在开庭审理之前提交全部证据材料。如果有正当事由不能在指定期限或者开庭前提供，原告应当向法院申请延期提供证据，在法院准许的情况下，可以在法庭调查中提供。原告在诉讼中依据法院指定的期限及时提供证据是非常重要的：根据《证据规定》第7条，原告"逾期提供证据的，视为放弃举证权利"，并且"原告或者第三人在第一审程序中无正当事由未提供而在第二审程序中提供的证据，人民法院不予采纳"[①]。

5.1.2　原告律师在行政诉讼中的举证

5.1.2.1　原告律师在行政诉讼中的举证内容

具体而言，代理律师应当建议和协助原告对下列事项提交证据材料：

1. 起诉符合法定条件的举证

《证据规定》第4条第1款规定：公民、法人或者其他组织向人民法院起诉时，应当提供其符合起诉条件的相应的证据材料。《行政诉讼法》第41条规定：提起诉讼应当符合下列条件：（1）原告是认为具体行政行为侵犯其合法权益的公民、法人或者其他组织；（2）有明确的被告；（3）有具体的诉讼请求和事实根据；（4）属于人民法院受案范围和受诉人民法院管辖。因此，在一般行政诉讼案件中，原告提供符合起诉条件的证据材料应包括以下内容：

1）应当提供证据材料证明被诉具体行政行为的存在。行政诉讼审查的对象是被诉具体行政行为的合法性，如果被诉具体行政行为不存在，也就意味着审查的对象不存在。为此，法院只有在起诉人能够举出证据证明被诉具体行政行为存在的情况下，才有可能受理。起诉人举出的证据不能证明被诉具体行政行为存在，法院的审理将没有审查对象，故法院将裁定不予受理或者驳回起诉。

2）应当提供证据材料证明起诉人与被诉具体行政行为之间有法律上的利害关系。根据《行诉解释》第12条的规定，与具体行政行为有法律上利害关系的公民、法人或者其他组织对该行为不服，才可以依法提起行政诉讼。也即只有与被诉具体行政行为有法律上利害关系的公民、法人或者其他组织，才具有原告资格。与具体行政行为有法律上的利害

---

① 顾永忠主编：《律师制度与律师实务》，99～100页，北京，北京师范大学出版社，2010。

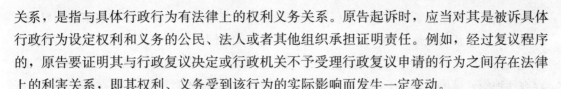

关系，是指与具体行政行为有法律上的权利义务关系。原告起诉时，应当对其是被诉具体行政行为设定权利和义务的公民、法人或者其他组织承担证明责任。例如，经过复议程序的，原告要证明其与行政复议决定或行政机关不予受理行政复议申请的行为之间存在法律上的利害关系，即其权利、义务受到该行为的实际影响而发生一定变动。

3）应当提供证据材料证明起诉符合起诉期限。起诉人必须在法律规定的起诉期限内提起诉讼，如果超过起诉期限提起诉讼，法院将不予受理。在实践中，起诉人是否超过起诉期限的问题比较容易证明。在一般情况下，具体行政行为的法律文书上均明确写明起诉期限，起诉人只要提供具体行政行为的法律文书及送达书，法院就能够判断出起诉人起诉时是否超过起诉期限。实践中发生的有关是否超过起诉期限的争议主要有以下三种情况：一是具体行政行为作出的日期与具体行政行为的法律文书实际送达起诉人的日期不一致，有关送达的证据材料由被告行政机关掌握，起诉人并不掌握。因此，法院立案时，送达时间按照起诉人所陈述的时间来确定。二是有关行政机关作出的具体行政行为的法律文书上未交代诉权和起诉期限，一时难以判定起诉人何时知道诉权和起诉期限。对于这种情况，法院一般推定起诉人不知道诉权和起诉期限，按照《行诉解释》第 41 条规定的最长起诉期限计算起诉期限。[①] 三是起诉人称行政机关未将具体行政行为的法律文书送达，法院无法判断起诉人是否知道法律文书内容的，一般应推定起诉人不知道具体行政行为的内容，按照《行诉解释》第 42 条规定的最长起诉期限计算起诉期限。[②] 值得注意的是，法院受理这三类案件后，若被告对起诉期限提出异议，举证责任将发生转移，此时应当由被告承担举证责任。

4）应当提供证据材料证明符合起诉的其他条件。在一般情况下，起诉人证明前三项起诉条件即完成了推进举证责任。但是，对于法律、法规规定的以行政复议为前置条件的案件，起诉人还须向法院提供证据证明被诉具体行政行为已经过复议。对这类案件，一般情况下，起诉人需要向法院提供行政复议决定书。如果复议机关在法定复议期限内不予答复或未作出行政复议决定，起诉人应当向法院提供其申请行政复议的凭证，如行政复议立案通知书、邮寄凭证等证据材料。[③]

2. 起诉被告不作为案件的举证

具体行政行为中分为依申请的具体行政行为和依职权的具体行政行为。在依申请作出具体行政行为时，行政相对人是否向行政机关提出要求其履行法定职责的申请，是判断行政机关是否存在不作为的前提。因此，在起诉行政机关不作为的案件中，原告应当就其已

---

① 《行诉解释》第 41 条规定：行政机关作出具体行政行为时，未告知公民、法人或者其他组织诉权或者起诉期限的，起诉期限从公民、法人或者其他组织知道或者应当知道诉权或者起诉期限之日起计算，但从知道或者应当知道具体行政行为内容之日起最长不得超过 2 年。复议决定未告知公民、法人或者其他组织诉权或者法定起诉期限的，适用前款规定。

② 《行诉解释》第 42 条规定：公民、法人或者其他组织不知道行政机关作出的具体行政行为内容的，其起诉期限从知道或者应当知道该具体行政行为内容之日起计算。对涉及不动产的具体行政行为从作出之日起超过 20 年、其他具体行政行为从作出之日起超过 5 年提起诉讼的，人民法院不予受理。

③ 参见蔡小雪：《行政诉讼证据规则及运用》，25 页，北京，人民法院出版社，2006。

经向行政机关提出申请承担举证责任。实践中，律师应建议或者协助原告收集证明已向行政机关提出申请的证据材料，比如行政机关收到申请的回执、向行政机关寄送申请的邮寄凭证、递交申请时在场第三人的证人证言等。[①] 但是，根据《证据规定》第 4 条第 2 款，存在两种例外情形，即在下面两种情况下，原告在起诉时不需要提供证据材料：

第一，被告应当依职权主动履行法定职责的。原告起诉被告不作为的案件中，一般是行政机关依申请应当作为而不作为。但是在一些特殊的案件中，被告应当依职权主动履行法定职责但没有履行，原告在诉讼中无须提供其提出申请的事实。例如某公民在公共场所受到不法侵害，警察就在旁边视而不见，不实施保护该公民合法权益的行为。尽管该公民没有向公安机关提出保护的申请，但是根据《人民警察法》第 2 条的规定，人民警察负有保护公民的人身安全、人身自由和合法财产，预防、制止和惩治违法犯罪活动的职责。因此，该公民起诉警察所属的公安机关不作为时，就无须向法院提供其在行政程序中曾经提出保护申请的证据材料。

第二，原告因被告受理申请的登记制度不完备等正当事由不能提供相关证据材料并能够作出合理说明的。《证据规定》之所以作出这样一种例外的规定，主要是考虑到司法实践中曾发生过类似案件：某公民向工商机关申请办理个体工商户执照时，将有关材料递交给工商机关，该机关拒绝出具任何手续，亦不说明任何理由，就是不发给该公民个体工商户执照。该公民万般无奈，最后选择向法院提起行政诉讼。但是该公民没有任何证据证明其在行政程序中曾经提出申请的事实。为了保护该公民的诉权，法院要求被告提供当天受理申请登记的登记册，被告无法提供。法院以此推定该公民在行政程序中曾经提出申请的事实存在并受理了该案。[②] 可见，由于我国行政机关程序意识不强，实践中这类情况时有发生。为保护公民、法人和其他组织的诉权，促进行政机关依法行政，《证据规定》规定：原告因被告受理申请的登记制度不完备等正当事由不能提供相关证据材料并能够作出合理说明的，原告在起诉时无须提供提出过申请的证据材料。

[实例解析]

案情简介

王某有一辆农用车，除了自己用外，还时常替村里人拉点东西，挣些外快。2004 年 7 月某日晚，王某驾车到城里送完东西后返回，在行驶过程中，撞到了堆积在公路上的一堆沙子。农用车翻到在路面上，王某也受了伤。由于找不到沙子的主人，王某便以当地公安机关为被告提起了行政诉讼，认为公安机关未履行道路交通安全管理职责，对于堆放在公路上的障碍物未及时清除，造成道路交通安全隐患，致使自己在行车过程中发生事故并导致自己受伤；要求公安机关承担行政赔偿责任。王某向法庭提交了事故现场照片和病历、医疗费单据作为证据。公安机关答辩称：道路清障是公安机关交通管理部门的职责，但依据《最高人民法院关于执行〈中华人民共和国行政诉讼法〉若干问题的解释》第 27 条第 2

---

① 参见顾永忠主编：《律师制度与律师实务》，98 页，北京，北京师范大学出版社，2010。

② 转引自蔡小雪：《行政诉讼证据规则及运用》，27 页，北京，人民法院出版社，2006。

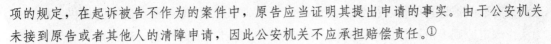

项的规定，在起诉被告不作为的案件中，原告应当证明其提出申请的事实。由于公安机关未接到原告或者其他人的清障申请，因此公安机关不应承担赔偿责任。①

法律分析

在本案中，王某是针对公安机关的行政不作为提起的行政诉讼。按照《行诉解释》的规定，在起诉被告不作为的案件中，原告应当证明其提出申请的事实。但《证据规定》对此规定了除外情形，即在行政机关应当依职权主动履行法定职责时，原告不需要举证证明其在行政程序中曾经提出申请。因为在这种情况下，不论原告是否提出申请，被告行政机关都应当按照法律赋予其的职责主动作出具体行政行为。因此，王某不需要就其向公安机关提出清除道路的申请承担举证责任。而公安机关必须举证证明其已经履行了法定职责，障碍物的出现不是行政机关未履行法定职责造成的，才能免予承担行政赔偿责任。同时，由于王某提起的是行政赔偿诉讼，应当就具体行政行为造成损害的事实提供证据。

3. 行政赔偿诉讼中的举证

不管一并提起的行政赔偿诉讼（行政诉讼附带行政赔偿诉讼），还是单独提起的行政赔偿诉讼，原告都要对于因受被诉具体行政行为侵害而遭受损失的事实承担举证责任。可见，行政赔偿诉讼与行政诉讼不同，行政赔偿诉讼的举证责任与民事诉讼的一般举证责任基本相同，即遵循"谁主张、谁举证"的原则。

根据《国家赔偿法》的规定，原告应当提出证据证明其损害的存在、损害的具体程度和大小、损害的计算等。至于损害事实与被诉具体行政行为之间的因果关系应当由何方承担举证责任，由于法律和司法解释对此并未作出具体规定，实践中一般由法官根据个案不同情况分担举证责任。具体来讲，主要存在两种情况：在一般情况下，损害结果与行使行政职权的行为之间的因果关系应当由原告承担证明责任。例如，某行政机关怀疑某企业有违法行为，派其工作人员对该企业进行检查。在检查中，发现贵重花瓶被打碎。该企业认为是行政机关工作人员检查中不小心打碎的，请求行政机关赔偿被打碎花瓶的损失。在诉讼中，该行政机关不承认是其工作人员打碎的。此时，对于因行政机关工作人员疏忽而打碎花瓶的事实，应当由原告承当举证责任。在特殊情况下，举证责任应当由被告承担。例如，在行政赔偿诉讼中，公民在被告实施对其限制人身自由的措施中死亡、伤残或者失踪，作为原告或者原告的近亲属请求国家赔偿。此时，如果要求原告证明当事人如何死亡、伤残或者失踪是非常困难的，而对于公安机关则更为方便。因此，在审理前应推定当事人的死亡、伤残或者失踪与公安机关有关，公安机关只有提出证据证明其死亡属于疾病突然发作、自杀等其他原因所致，才能减轻或者免除公安机关的行政赔偿责任。在这种情况下，有关死亡或伤残的因果关系举证责任，应当由被告承担。

4. 其他情形的举证

虽然行政诉讼法规定对具体行政行为的合法性应当由被告承当举证责任，但如果原告

---

① 案例来源于鲍雷、刘玉民主编：《用证据说话——行政证据的收集、保存、提交》，27页，北京，人民法院出版社，2005。

也掌握有证明被诉具体行政行为违法的证据，律师可以建议原告主动向法院提供。切忌因为法律规定原则上由被告负举证责任，原告就放弃自己举证的权利，这样做不利于案件的审理，也不利于维护原告自己的合法权益。因此，律师代理行政诉讼的原告时，应当全面理解行政诉讼中举证责任分配的内容，指导原告在规定的期限内收集、提交对其有利的证据。

《行诉解释》第 27 条第 4 项有一个"兜底条款"："原告对下列事项承担举证责任：（四）其他应当由原告承担举证责任的事项。"也即原告除承担推进举证责任和对于行政赔偿诉讼中受被诉具体行政行为侵害造成损害的事实承担说服责任外，还应当对其他应当由原告承担举证责任的事项进行举证。问题在于原告究竟应对哪些"其他事项"承当举证责任，法律和司法解释并未明确说明，实践中一般认为原告应当对于其提出被告在作出被诉具体行政行为时没有认定而与该行为的合法性有关联的事实，承担举证责任。例如，张三与李四因宅基地发生纠纷，乡政府作出裁决后，张三依法提起行政诉讼。张三诉称，参与本案裁决的乡长是李四的亲戚，所作出的确权裁决袒护李四。如果作出裁决的乡长确实是李四的亲戚，该裁决程序违法，就应当撤销。乡政府不会提供乡长与李四具有亲戚关系的证明材料，如果原告不提供证据，被告亦不可能举出对自己不利的证据。在这种情况下，原告须承担一定举证责任的理由如下：第一，被诉具体行政行为没有认定的事实，即被告对这部分待证事实没有提出主张，而提出主张者是原告。正因为原告是该项事实的最先主张者，类似民事诉讼中被告的反诉性质，原告承担举证责任符合"谁主张、谁举证"的原则。第二，原告不了解具体行政行为的情况，也就不应当承担举证责任。但是，原告提出被诉具体行政行为没有认定的事实，就应推定其了解情况并掌握相关证据材料。因此可以说，原告完全具备对其主张的事实提供证据的能力，免除其举证责任是不正确的。第三，原告没有通过举证证明自己主张成立之前，法院无法判断被告是否没有认定应当认定的事实。在行政诉讼中，原告往往可以提出很多免除自身行政责任的主张，这些主张与被诉具体行政行为的合法性有关，让被告为原告的主张承担举证责任，不符合举证责任的一般原理。

在上述情况下原告承担举证责任时，应当注意以下几方面问题：第一，根据行政诉讼法的规定，在一般情况下，虽然原告不对被诉具体行政行为的合法性承担举证责任，但原告可以提供被诉具体行政行为违法的证据。因此，对于原告不承担举证责任的事项，原告有权利向法院提供证据。第二，原告对于其提出被告在作出被诉具体行政行为时没有认定而与该行为的合法性有关联的事实，举证不能时，只能认定原告主张的事实不成立，不能免除被告对被诉具体行政行为合法性的举证责任。第三，被告在作出具体行政行为时未收集、原告在诉讼中提供的证据，根据"先取证、后裁决"的原则，只能作为认定被诉具体行政行为不合法的证据使用，不能作为认定被诉具体行政行为合法的证据使用。

5.1.2.2　原告律师在行政诉讼中的举证期限

律师作为原告代理人，应当对行政诉讼的举证期限加以关注，以避免无法在举证期限内提交证据材料的不利后果。

《证据规定》第 7 条规定：原告或者第三人应当在开庭审理前或者人民法院指定的交换证据之日提供证据。因正当事由申请延期提供证据的，经人民法院准许，可以在法庭调查中提供。逾期提供证据的，视为放弃举证权利。原告或者第三人在第一审程序中无正当事由未提供而在第二审程序中提供的证据，人民法院不予接纳。关于该条规定可以从以下几方面理解：

1）原告和第三人一般举证应当在开庭审理前。从被诉具体行政行为作出到人民法院开庭审理，多数案件在 3 个月以上，这段时间内原告和第三人一般应当准备好所有的诉讼材料，其中包括向法院提供的证据材料。如果案件复杂或者证据较多，法院可以组织当事人交换证据，原告和第三人应当在法院指定的交换证据之日提供证据材料。原告和第三人的举证期限长于被告主要是考虑到他们与被告信息不对等及取证困难的问题，从而使原告和第三人在举证期限上拉平与被告的诉讼地位。

2）原告和第三人延期提供证据需要有正当事由。这里所讲的"正当事由"不仅包括原告和第三人遇到地震、海啸、洪水、战争等不可抗力的情形，而且应当包括因原告和第三人能力等客观原因不能如期向法院提供证据的情形。例如，原告或第三人已向某机构申请鉴定，鉴定结论作出时将超出其举证期限。又如，原告或者第三人在一审庭审中才收集到某一证据或发现某一证据的线索。原告和第三人在开庭后或者交换证据之日后，在第一审庭审调查中向法院提交证据材料的，应当向法院说明理由，说明的方式，可以是书面的，也可以是口头的。法院对原告和第三人的说明事由，应当根据其提供的证据材料进行审查，法院经审查如果认定正当事由成立的，应当准许其延期提供证据。这里需要注意两个问题：第一，在原告或第三人的正当事由是否成立尚不明确的情况下，法院应当先接纳原告逾期提供的证据，再进行审查，根据最终审查结果决定是否采纳。第二，被限制人身自由的公民起诉行政机关作出的限制其人身自由的具体行政行为，按照一般的方式计算，其起诉时已经超过了起诉期限，对此种情况一般不需要起诉人举证证明因客观条件不能行使起诉权，而是应当按照《行诉解释》第 43 条"因人身自由受到限制而不能提起诉讼的，被限制人身自由的时间不计算在起诉期间内"的规定，计算起诉期限。

3）在特殊情况下，原告和第三人的举证期限可以延长至第二审。《证据规定》第 7 条第 2 款规定：原告或者第三人在第一审程序中无正当事由未提供而在第二审程序中提供的证据，人民法院不予接纳。言下之意是，如果原告和第三人有正当事由，在第二审程序中提供证据的，法院应当接纳。之所以这样规定，主要是考虑到在一些特殊情况下，原告和第三人由于受收集证据的能力限制而无法在第一审程序中收集到有关证据，到第一审程序结束后才收集到证据，为了使其在诉讼中与被告处于平等地位，保障其合法权益，法院应当接纳。法院在诉讼中应当尽量限制原告和第三人在第二审程序中提供证据，限制的方法可以是在立案时告知其逾期举证的后果和有权申请法院调取证据的情况，以促使原告和第三人积极收集证据。[①]

5.1.2.3 原告律师对行政诉讼证据的补充与交换

1. 行政诉讼证据的补充

实务中，原告律师一般在提交证据时就把所有可以提交的证据都提交了。

《行政诉讼法》第 34 条第 1 款规定："人民法院有权要求当事人提供或者补充证据。"《证据规定》第 9 条规定："根据行政诉讼法第三十四条第一款的规定，人民法院有权要求当事人提供或者补充证据。对当事人无争议，但涉及国家利益、公共利益或者他人合法权益的事实，人民法院可以责令当事人提供或者补充有关证据。"法院处于居中裁决者的地位，因此，在一般情况下，没有当事人的申请，不应依职权主动责令当事人补充证据。但是，由于行政诉讼是对被诉具体行政行为的合法性进行审查，在个别案件中，有些关系到被诉具体行政行为的合法性，关系到国家利益、公共利益或者他人合法权益的事实与任何一方当事人之间都不具有明显的利害关系，因此，没有当事人向法院提供这方面事实的证据时，为维护国家利益、公共利益和他人的合法权益，法院完全有必要依职权要求当事人补充证据。

人民法院审理行政案件，对被诉具体行政行为是否合法进行审查。被诉具体行政行为的合法性隐含着双重含义：一是对行政相对人合法权益的处理是否合法、公正，二是该行为不能损害国家利益、公共利益或者他人的合法权益。人民法院审查被诉具体行政行为的合法性应当从这两个方面审查，即应保护行政相对人的合法权益，又应保护国家利益、公共利益或者他人的合法权益。虽然对于某些事实当事人之间无争议，但该无争议的事实涉及被诉具体行政行为的合法性时，人民法院有权要求被告举证；如果无争议的事实不涉及行政相对人的权益，但涉及国家利益、公共利益或者他人合法权益的，人民法院可以根据举证责任的分担，依职权责令当事人提供或者补充有关证据，以维护和监督行政机关依法行政。另外，由于《证据规定》第 9 条第 2 款使用的是"可以"一词，"责令当事人提供或者补充有关证据"并不是法院唯一可以采取的手段。法院认为有必要，也可以根据《证据规定》第 22 条第 1 项的规定，依职权向当事人调取证据。

2. 行政诉讼证据的交换

原告律师应当按照法律、司法解释规定的条件和时限开展证据交换工作。关于证据交换制度，行政诉讼法没有规定。《证据规定》将证据交换制度确定了下来，不过仅在第 21 条对庭前交换证据的规则作了简单规定："对于案情比较复杂或者证据数量较多的案件，人民法院可以组织当事人在开庭前向对方出示或者交换证据，并将交换证据的情况记录在卷。"之所以没有对交换证据进行详细规定，是因为行政诉讼证据交换制度与民事诉讼证据交换制度没有本质上的区别。《最高人民法院关于民事诉讼证据的若干规定》对庭前交

[①] 参见蔡小雪：《行政诉讼证据规则及运用》，45～47 页，北京，人民法院出版社，2006。

换证据的规则，如证据交换的范围、交换方法、交换次数、交换效力和法律后果等作了详尽的规定，因此，行政诉讼案件的证据交换，参照《最高人民法院关于民事诉讼证据的若干规定》的有关规则执行即可。

交换证据并不是必经程序。行政诉讼证据交换可以由法院依职权主动提出，也可以由当事人向法院申请提出。对于证据不多，或者案情简单，通过指定举证期限能够实现固定争点和证据的案件，不必采取证据交换的方式。对于证据较多，或者案情复杂、疑难，证据数量较多，仅通过指定举证期限不易达到整理争点、固定争点和证据的案件，法庭可以组织当事人交换证据。

证据交换是举证时限制度的组成部分，应符合举证时限的一般要求。证据交换的时间必须确定在庭审之前，证据交换之日就是举证期限届满之日，当事人在证据交换日前不提供证据的，应承担逾期举证的法律后果。证据交换，可以按照以下方法进行操作：主持证据交换的人员，应当是合议庭组成人员和书记员，非合议庭组成人员不能主持证据交换。在证据交换过程中，审判人员对于当事人无异议的事实和证据应当记录在卷，在庭审中，审判人员对这类证据进行说明后，不必再组织质证，即可作为认定案件事实的依据。对这类证据，当事人在庭审中除非有足以推翻的相反的证据，不得任意反悔。对于有异议的证据，审判人员应当按照其需要证明的事实分类记录在卷，并记录异议的理由。通过证据交换，确定当事人的争点，以便于法庭审理。①

5.1.3　原告律师对行政诉讼证据的质证和认定

律师作为行政诉讼代理人应当熟练掌握和运用行政诉讼证据的质证和认定规则，以有效发挥其在庭审质证和认定环节中的重要作用，从而充分维护当事人的合法权益，因为行政诉讼证据的质证和认定是当事人收集证据、法院调查取证等前续采证工作的"归结点"，直接关系到具体行政行为的合法性与否以及当事人的诉讼成败。

5.1.3.1　原告律师对行政诉讼证据的质证对象

行政诉讼的证明要求主要放在被诉具体行政行为的事实依据和合法性上，而且《行政诉讼法》及其司法解释规定了严格的举证时效，因此就行政诉讼证据的质证范围而言实行的是有限主义原则。具体而言，行政诉讼证据的质证范围体现在以下几方面：

1）属于《行政诉讼法》第31条规定的7种证据形式，即书证、物证、视听资料、证人证言、当事人的陈述、鉴定结论、勘验笔录和现场笔录。法院既不能将不在法定证据种类范围内的所谓证据材料纳入质证范围，也不能将符合证据形式要求的证据材料排除在质证范围之外。

---

① 参见李国光主编：《最高人民法院〈关于行政诉讼证据若干问题的规定〉释义与适用》，249 页，北京，人民法院出版社，2002。

2）被告所提交的证据材料应当是据以作出具体行政行为时的全部证据，或者是根据《行诉解释》第 28 条第 2 项和《证据规定》第 2 条规定所补充的相关证据[①]；原告和第三人提交的证据应当是与被诉具体行政行为的合法性相关的证据。

3）在举证时限内提交的证据材料。进入质证范围内的证据材料，只能是在《证据规定》第 1 条和第 7 条规定的举证期限内提供的。

5.1.3.2 原告律师在行政诉讼中证据质证的内容

行政诉讼证据质证的内容是体现某种证据是否具有证据力的根据，即看证据证明力的有无和大小。《证据规定》第 39 条规定：当事人应当围绕证据的关联性、合法性和真实性，针对证据有无证明效力以及证明效力大小，进行质证。因此，律师无论是作为原告代理人还是作为被告代理人，其质证活动均应围绕证据的关联性、合法性、真实性以及证明效力这四个方面展开。

1）证据的关联性或相关性。从司法证明的角度来说，证据的关联性要求每一个具体的证据必须对于证明案件事实具有实质性意义。换言之，一个证据的使用必须对于证明案件事实或其他争议事实有确实的帮助。在诉讼中，对于质证的证据可以分解为以下三个问题：第一，这个证据能够证明什么事实；第二，这个事实对于解决案件中的争议问题有没有实质性意义；第三，法律对这种关联性有没有具体的要求。[②]

2）证据的合法性，是证据属性中最容易产生争议的问题。结合合法性标准，当事人可以就以下内容进行质证：第一，证据的主体是否符合有关法律的规定，包括：证人是否具有作证资格，如果是无行为能力人或限制行为能力人所作的证言，将不被采用；基于同样的理由，不具备鉴定人资格的人作出的鉴定结论当然也不符合证据的合法性标准；此外，行政机关超越法定职权收集的证据，亦属于主体不合法的证据，不能采用。第二，证据的形式是否符合有关法律的规定。例如，在治安行政处罚案件中，对被处罚人所作的讯问笔录必须有讯问人和记录人的签字，提取物证的勘验笔录上应有两个以上的见证人签字，缺少了这些法定要件，就是形式不合法的证据，不能采用。第三，证据的收集程序或提取方法是否符合法律的有关规定。我国行政诉讼法规定被告在诉讼过程中不得自行向原告和证人收集证据，如果作为行政诉讼被告的行政机关这样做了，那么其收集的证据将因程序不合法而不能采用。[③]

3）证据的真实性或客观性，是一种法律上的相对的客观真实，而非一般意义上的绝对的事实真相。当事人对对方提供的证据的客观性作出评判时，一般包括两个方面：一是对作成的真实性的评判，二是对其所记载、表述、体现的内容的真实性的评判。如被公安

---

① 《行诉解释》第 28 条第 2 项规定："有下列情形之一的，被告经人民法院准许可以补充相关的证据：……（二）原告或者第三人在诉讼过程中，提出了其在被告实施行政行为过程中没有提出的反驳理由或者证据的。"《证据规定》第 2 条规定："原告或者第三人提出其在行政程序中没有提出的反驳理由或者证据的，经人民法院准许，被告可以在第一审程序中补充相应的证据。"

② 参见谢大成：《论行政诉讼的质证》，载《四川职业技术学院学报》，2006（2）。

③ 参见林时献：《论行政诉讼中的认证制度》，载《广西政法管理干部学院学报》，2007（4）。

机关处罚的原告对公安机关出具的有关口供笔录持异议，就需要查清究竟是对制作笔录的真实性有异议呢，还是对笔录中所记载的内容有异议，抑或二者兼而有之，这都可以通过质证来实现。

4）证据的证明效力，又称证据的证明力、证据力，是指各种证据的可靠程度及证明作用的大小，从而决定其是否可以作为定案的依据。证据能够在多大程度上证明案件的事实，涉及证明效力大小的问题，关于这一点将于下文详述。在关联性、真实性、合法性方面不存在严重问题的证据具有证明效力，对于具有证明效力的证据判断其证明效力大小，主要是根据有关认定证据真实性的规则来确定。

5.2　被告律师对行政诉讼证据的收集、举证与质证

5.2.1　被告律师对行政诉讼证据的收集

5.2.1.1　被告律师应收集的相关证据

被告律师接受案件后，在充分阅读、分析行政案卷的基础上，应当收集作出具体行政行为的法律依据或其他规范性文件依据，等等。

根据《行政诉讼法》第 32 条的规定，在行政诉讼中，被告对其所实施的具体行政行为的合法性承担举证责任，应当提供作出该具体行政行为的证据和所依据的规范性文件以证明其合法性。如果被告不能举证、拒不举证、举伪证或者举出的主要证据不足、不能提供所依据的规范性文件，就要承担败诉的法律后果，该具体行政行为就要被法院认定为违法而遭到撤销。[①] 被告对行政诉讼证据的收集工作应当在作出具体行政行为阶段完成，在行政诉讼过程中被告不得自行向原告及证人收集证据。庭审中法庭对被告在作出被诉具体行政行为之后收集的证据应不予采信；二审法院也不能采信一审被告在一审中未向法庭提供的证据。根据《行诉解释》第 28 条的规定，被告只有在下列情形下，才能经人民法院准许可以补充相关证据：（1）被告在作出具体行政行为时已经收集证据，但因不可抗力等正当事由不能提供的；（2）原告或者第三人在诉讼过程中，提出了其在被告实施行政行为过程中没有提出的反驳理由或者证据的。

5.2.1.2　被告律师在收集证据过程中的注意事项

律师代理被告收集证据时，主要应证明具体行政行为具有实体上和程序上的合法性，例如，具体行政行为的作出有规范性文件依据、属于行政机关的职权范围、适用法律法规

---

① 根据《行政诉讼法》第 54 条第 2 项第 1、2 目的规定，具体行政行为主要证据不足或适用法律、法规错误的，人民法院应当判决撤销或者部分撤销，并可以判决被告重新作出具体行政行为。

正确、符合法定程序，等等。① 其他注意事项，如可以直接认定的事实，收集的证据应当符合法定形式，应当具备关联性、合法性和真实性等详见前文"原告律师在收集证据过程中的注意事项"。

5.2.2 被告律师在行政诉讼中的举证

由于行政诉讼法规定的答辩期限比较短（10 天），留给律师收集各类证据材料的时间比较少，加之行政诉讼法规定被告应当对具体行政行为的合法性承担举证责任，因此，律师作为被告代理人的举证工作往往艰巨而重大，这就要求被告代理律师对行政诉讼各项证据规则熟稔于心、灵活运用。

如前所述，行政诉讼实行的是"举证责任倒置"。值得注意的是，这里被告承担的举证责任主要是一种"说服责任"。学界一般将举证责任划分为"推进责任"和"说服责任"。所谓推进责任，是指当事人无须证明其主张的成立，只要提供的证据能够证明他的主张有成立的可能性；也无须证明对方主张的不成立，而只需提供证据引起合理怀疑，证明其有不成立可能性的责任。所谓说服责任是指当事人必须提供充分的证据证明自己的主张，以得到法官的确信，否则，在法定的诉讼期限内，会因得不到法官的支持而承担败诉的后果。就行政诉讼而言，案件审理的核心是被诉的具体行政行为是否合法，案件的审理紧紧围绕这个核心展开。被告对自己具体行政行为"合法"的主张承担说服责任，相反，原告对具体行政行为"违法"的主张承担推进责任。也即对于具体行政行为是否合法，被告有证明其合法的说服责任，原告有证明其违法的推进责任。② 原、被告对于各自的主张在不能充分证明时承担的法律后果是不同的：被告不能证明则必然败诉，而原告不能证明只是增加了败诉的风险而不意味着具体行政行为是合法的。

5.2.2.1 被告律师在行政诉讼中的举证内容

《行政诉讼法》第 54 条第 2 项规定：具体行政行为有下列情形之一的，判决撤销或者部分撤销，并可以判决被告重新作出具体行政行为：（1）主要证据不足的；（2）适用法律、法规错误的；（3）违反法定程序的；（4）超越职权的；（5）滥用职权的。第 3 项规定：被告不履行或者拖延履行法定职责的，判决其在一定期限内履行。由于人民法院判决具体行政行为违法主要存在上述几种情形，因此被告提出证据证明具体行政行为的合法也主要应围绕这几方面展开。

（1）提供判断作出被诉具体行政行为主体的证据材料。法院一般会要求被告提供被诉具体行政行为的法律文书的正本并将其作为判断作出被诉具体行政行为主体的重要证据。

---

① 根据《行政诉讼法》第 54 条第 2 项的规定，人民法院判决具体行政行为违法的情形有 5 种：（1）主要证据不足的；（2）适用法律、法规错误的；（3）违反法定程序的；（4）超越职权的；（5）滥用职权的。因此，行政诉讼证据的收集也主要应当围绕是否存在上述五种情形而展开。

② 参见宋随军、梁凤云主编：《行政诉讼证据案例与评析》，69~70 页，北京，人民法院出版社，2005。

这里需要注意两个问题：一是具体行政行为系行政机关委托的组织作出的，被告还应当向法院提供委托书、有关接受委托组织的基本情况（如批准成立的文件、营业执照、章程等）的证明材料。二是被告的执法资格不明确，需要根据法律规范及有关机关的批准文件进行综合判断时，被告还应当向法院提供有关法律规范及有关机关的批准文件等证明材料。例如，某市开发区管理委员会作出收回国有土地使用权的决定，当事人不服而起诉到法院，开发区管理委员会认为其属于该市政府的派出机关，原告认为其属于该市政府的派出机构。此时，被告开发区管理委员会就应当向法院提供有关市政府批准其成立、编制、财政拨款等的文件。

（2）提供行政执法程序方面的证据材料。行政执法程序是由行政机关作出具体行政行为的方式、步骤、顺序和时限等组成的，因此，被告应当向法院提供这几方面的所有证据。需要注意的是，原告或者第三人在行政执法程序中提出行政机关办案人员存在应当回避的问题，并举出相应的证据材料的，被告若有有关否定这些证据的证明材料亦应向法院提供。[①]

（3）提供被诉具体行政行为所认定事实的证据材料。这里"认定的事实"是指在具体行政行为中用文字记载的事实，或向行政相对人口头宣告具体行政行为时宣读的事实。行政机关作出书面具体行政行为的，应当提供被诉具体行政行为认定事实所依据的全部证据。对于行政机关口头宣布的事实，除应当提供有关认定的事实所依据的全部证据外，还应当提供有关口头宣布的事实的有关记录材料。

（4）提供有关适用法律规范的证据材料。被诉具体行政行为适用的法律规范是指被诉具体行政行为中引用的具体法律规范条文，也就是行政处罚决定书、行政处理决定通知书等法律文书中载明的具体法律规范条文，或在宣告具体行政行为时宣读的具体法律规范条文。被告仅在法庭陈述中引用，没有在被诉具体行政行为中引用的具体法律规范条文，不能被认定为被诉具体行政行为适用的法律规范条文。因此，被告提供了被诉具体行政行为的法律具体文书的，一般应当认定其完成了这方面的举证。但对法律文书中没有引用、被告向原告宣读的具体法律规范条文，亦应提供有关宣读笔录或者其他能够证明被告宣读适用该具体法律规范条文的证据。

（5）提供作出具体行政行为所依据的规范性文件。从严格意义上讲，其他规范性文件并不属于证据的范畴，不适用证据规则，因为《行政诉讼法》第 32 条是将证据和规范性文件分开表述的[②]，并没有将所依据的规范性文件作为证据的一个种类加以规定。但是，《证据规定》第 1 条却规定了被告应当提供有关规范性文件，该司法解释作出该种规定主要是基于以下考虑：第一，《行政诉讼法》第 32 条对被告提供证据和规范性文件作了规定，《证据规定》是关于行政诉讼证据的一个司法解释，应保持与法律规范的一致性。第二，如果对此问题不规定，当事人或者下级法院在行政诉讼实践中可能会遇到操作上的问

① 参见蔡小雪：《行政诉讼证据规则及运用》，14 页，北京，人民法院出版社，2006。

② 《行政诉讼法》第 32 条规定："被告对作出的具体行政行为负有举证责任，应当提供作出该具体行政行为的证据和所依据的规范性文件。"

题。根据《行政诉讼法》第 43 条的规定，被告应当在收到人民法院送达的起诉状副本之日起 10 日内向人民法院提交作出具体行政行为的有关材料。这里所指的"有关材料"包括规范性文件。行政机关作出的具体行政行为所依据的规范性文件，除法律、法规外，有时还包括规章和规章以下的规范性文件。法律、法规一般都容易查到，但规章及规章以下的规范性文件往往难以查到。为了便于法院审查确定依据的内容，判断下位法规定的内容与上位法规定的内容是否存在抵触的问题，在行政诉讼中要求被告提供规范性文件是十分必要的。值得注意的是，前述司法解释中所规定的"依据"，是指具体行政行为所依据的规范性文件，并非全部的规范性文件。是否提供规范性文件以及提供哪些规范性文件，要视证明具体行政行为合法性的需要而定，因为，法院对具体行政行为合法性的审查标准之一是适用法律、法规是否正确：如果在行政诉讼中被告能够提供充足的具体行政行为的法律、法规依据，即使被告没有提供规章以下的规范性文件，法院一般也不会认定其缺乏法律依据。但在以下四种情况下，被告必须提供相关的规范性文件：1）被诉具体行政行为处理实体问题时未引用法律、法规，而引用规章或者规章以下的规范性文件的，被告需要提供规章或规章以下的规范性文件，供法院判断其所适用的规章、规章以下的规范性文件的具体内容与上位法的有关规定是否存在相抵触的问题。2）被告在其行政法律文书中未引用其作出具体行政行为程序方面的法律规范的，为使法院正确判断被诉具体行政行为是否存在违反法定程序的问题，被告应当向法院提供有关行政程序方面的法律规范，特别是规章及规章以下的规范性文件。3）涉及被诉具体行政行为是否构成滥用职权时，被告需要提供规章、规章以下的规范性文件，供法院审查判断该问题是否存在。4）诉行政不作为案件中，被告在行政程序中要求原告补充有关材料，原告未在规定的期限内补充有关材料的，被告应当向法院提交涉及这一方面问题的有关法律规范和规范性文件。

（6）提供有关处理结果的证据材料。处理结果往往涉及被诉具体行政行为是否存在滥用职权的问题，法院在一般情况下仅根据被诉具体行政行为所写明的处理结果即可认定。但在行政处理程序中，行政相对人向行政机关提供有关涉及滥用职权的证据，行政机关没有采纳的，其若有否定此类证据的证据，也应当向法院提供。

5.2.2.2 被告律师行政机关不作为案件中的举证

这类案件中被告的举证内容和要求应当根据其辩称的理由而定，具体而言存在以下几种情况：（1）被告辩称已履行法定职责但是未达到原告的期望的不作为案件。此类案件中，被告应当提供其实施有关履行法定职责或者义务行为的证据材料。如果被告提供的证据材料能够证明其确实实施了法律要求履行的行为，因被告主观原因以外的因素，未达到原告期望的，法庭应当认定被告已履行法定职责，反之，则认定被告未履行法定职责或者义务。（2）被告以原告未按要求补充材料而未作出决定的案件。例如，被告在答辩中称，原告向其申请许可证，经审查发现原告缺少某项法定应当提交的材料，并通知原告补交这些材料，原告在规定的期限内未补交的，视为原告放弃申请，故不需要被告答复，也就是说，被告不存在不履行法定职责或者法定义务的问题。这类案件中，被告除应当向法院提供原告缺少哪些材料的证据外，还应提供要求原告补充材料的通知材料，如通知书、口头通知笔录、送达回执、邮寄存根、证人证言等。被告提供的证据材料能够证明其辩称内容的，应当认定被告完成了举证责任，反之，则应当认定被告未完成举证责任。(3) 被告以不属于其管辖范围而拒绝履行职责、义务为抗辩理由的案件。这类案件中被告仅需向法院提供其职权方面的法律规范，以明确其职权范围，证明原告的请求不属于被告应履行法定职责的范畴即可。(4) 被告以办理期限尚未届满而拒绝履行职责、义务为抗辩理由的案件。这类案件中被告在答辩中以各种理由称办理期限尚未届满，故在起诉时未作出决定。对此类案件，被告应当提供收到原告申请的时间以及延长办理期限的证据材料。如果被告提供的证据材料能够证明其法定办理期限尚未届满的，应当认定其完成了举证责任，反之，则未完成举证责任。

被告以其不具有申请事项的管辖权而拒绝履行职责、义务的案件与诉行政机关不作为案件举证内容相同，但存在以下两种特殊情况：(1) 以申请人未提交有关材料为由拒绝颁发法律证书的案件。对这类案件要求被告向法院提供原告提交有关材料的登记表。如果被告提供不出原告提交有关材料的登记表，原告坚持认为其已经提供给被告的，若被告作不出令人信服的说明的，应当推定被告拒绝履行法定职责或义务的行为主要证据不足。(2) 以申请不符合法定条件为由拒绝履行职责或义务的案件。对这类案件应当要求被告提供其认定不符合法定条件的证据。如果认定原告提交的材料不符合法定要求的，被告应当向法庭提交原告申请时提交的申请材料登记表及材料；如果认定原告提交的材料是虚假的，应当向法庭提交伪造、变造的原件及鉴定报告等，提供原告以非法手段取得证明材料的证据及其他证据；如果认定不符合某项技术指标，应提供检测报告、鉴定书、论证书等证据。

5.2.2.3 被告律师在行政诉讼中的举证期限

(1) 通常情况下10日内提交

《行政诉讼法》第43条规定：人民法院应当在立案之日起5日内，将起诉状副本发送被告。被告应当在收到起诉状副本之日起10日内向人民法院提交作出具体行政行为的有关材料，并提出答辩状。根据该条规定，被告的举证期限为10日，即被告在接到起诉状副本之日起10日内应当向法院提供被诉具体行政行为所依据的全部证据材料。

(2) 正当事由下的延期提交

《行诉解释》第28条第1项中规定，被告在作出具体行政行为时已经收集证据，但因不可抗力等正当事由不能提供的，经人民法院准许可以补充相关的证据。

《证据规定》第1条进一步规定：根据《行政诉讼法》第32条和第43条的规定，被告对作出的具体行政行为负有举证责任，应当在收到起诉状副本之日起10日内，提供据以作出被诉具体行政行为的全部证据和所依据的规范性文件。被告不提供或者无正当理由逾期提供证据的，视为被诉具体行政行为没有相应的证据。被告因不可抗力或者客观上不能控制的其他正当事由，不能在前款规定的期限内提供证据的，应当在收到起诉状副本之日起10日内向人民法院提出延期提供证据的书面申请。人民法院准许延期提供的，被告应当在正当事由消除后 10 日内提供证据。逾期提供的，视为被诉具体行政行为没有相应的证据。被告在适用该条规定时应注意以下问题：第一，该条第 2 款中的"不可抗力"是指人力所无法抗拒的强制力，例如地震、台风、战争等现象。"客观上不能控制的其他正当事由"，是指非由人的主观意志所能克服的事项，如证人出国，一时无法与之联系；持有重要书证的人下落不明等。[1] 第二，被告逾期举证有上述正当事由的，必须在收到起诉状副本之日起 10 日内，向人民法院提交延期提供证据的书面申请，而不能是口头申请。书面申请应当包括以下内容：延期提供证据的具体理由及证明材料；正当事由可能消除的期限；申请延期举证的时间；申请人的签名盖章等。第三，被告再次举证的期限为正当事由消除后 10 日内；被告逾期举证，将承担被诉具体行政行为没有相应证据的不利后果。被告申请延期举证的次数不能过多，以免产生延迟诉讼的后果。第四，根据《行政诉讼法》和有关司法解释的规定，被告应当向人民法院提供作出具体行政行为的规范性文件。因规范性文件不属于证据，被告向法院提供规范性文件不受举证期限的限制。也就是说，被告可以在庭审过程中向法院提供规范性文件。

5.2.2.4 被告律师行政诉讼证据的补充与交换制度

1. 行政诉讼证据的补充

（1）被告对证据的补充。被告补充证据通常发生在法定举证期限以后。被告在作出对公民、法人或者其他组织不利的具体行政行为前，应当听取行政相对人的申请和陈述。被告以"原告或者第三人在行政程序中没有提出的反驳理由"为由要求补充证据的，法院应当要求被告提供有关原告、第三人在行政程序中的申辩和陈述及申请材料，并对这些材料进行审查。法院经审查确认原告或者第三人在行政诉讼中所提出的反驳理由在行政程序中没有提出过，一般应当准许被告补充证据，反之，则不应准许被告补充证据。被告所补充的证据必须与原告或者第三人的反驳理由有关联，对于没有关联的证据，法院亦不应采纳。

被告以"原告或者第三人在诉讼中提出新的证据"为由要求补充证据的，如果经过听证程序或复议程序的，法院应当与听证记录或申请复议人与被复议人向复议机关提供的证据材料进行对照，凡在其中记录的，均不应准许被告补充证据；凡不在其中记录的证据，可以初步认定属于新的证据，应当允许被告根据关联性、合法性和真实性的原则针对新证据补充证据。被告补充的证据与新证据无关联，法院不应采纳。在审查被告是否符合补充证据的条件时，应当注意以下五个问题[2]：

第一，法院作为中立的裁决机构，在诉讼中应当处于中立的立场，而不应帮助任何一方诉讼当事人。因此，被告没有提出补充证据申请的，法院一般不主动提示其补充证据。

---

[1] 参见李国光主编：《最高人民法院〈关于行政诉讼证据若干问题的规定〉释义与适用》，16 页，北京，人民法院出版社，2002。

[2] 参见蔡小雪：《行政诉讼证据规则及运用》，52～53 页，北京，人民法院出版社，2006。

第二，根据"先取证后裁决"的原则，行政机关不得在作出具体行政行为后收集证据。因此，未经法院允许，被告及其诉讼代理人在诉讼中或诉讼前收集的证据作为补充的证据向法院提供的，法院一般不予接纳。

第三，申请补充证据的理由成立的，行政机关必须在第一审程序中向法院提供补充的证据，第一审程序结束后，行政机关向第二审法院提供的补充证据，法院不予接纳。

第四，根据《行政诉讼法》第 33 条和《证据规定》第 3 条的规定，在行政诉讼过程中，被告及其代理人不得自行向原告和听证人收集证据。① 被告及其代理人超出法院准许收集证据的范围所收集的证据，不能作为认定被诉具体行政行为合法的证据使用。

第五，被告在法院准许的范围内补充的证据，不能直接作为认定被诉具体行政行为合法的证据使用，只能作为原告在诉讼中新提出的反驳理由或者证据不能成立的证据使用。

（2）法院责令当事人补充证据。参见前文"行政诉讼证据的补充"部分。

2. 行政诉讼证据的交换

此处参见前文"行政诉讼证据的交换"。

5.2.3　被告律师对行政诉讼证据的质证和认定

被告律师对行政诉讼证据的质证和认定与原告律师对行政诉讼证据的质证和认定相同。

练习与测试

1. 行政诉讼中的证据范围有什么限制？
2. 行政诉讼中原告和被告在收集证据方面有什么区别？
3. 行政诉讼中举证责任如何分配？
4. 证据的效力如何判断？

单元总结

本章系统介绍了律师在证据的收集、举证与质证方面应遵守的规则以及应注意的事项。

---

① 《行政诉讼法》第 33 条规定：在诉讼过程中，被告不得自行向原告和证人收集证据。《证据规定》第 3 条规定：根据《行政诉讼法》第 33 条的规定，在诉讼过程中，被告及其诉讼代理人不得自行向原告和证人收集证据。

第6章

行政诉讼二审中的代理工作

单元要点

行政诉讼中二审代理工作的特殊技巧。

学习目标

通过本单元的学习，对于如何代理行政诉讼的上诉人和被上诉人有基本的了解，对于案件代理工作有全面认识，掌握基本代理技巧。

■ 6.1　行政诉讼二审中的几个重点问题

《行政诉讼法》第 58 条规定：当事人不服人民法院第一审判决的，有权在判决书送达之日起 15 日内向上一级人民法院提起上诉。当事人不服人民法院第一审裁定的，有权在裁定书送达之日起 10 日内向上一级人民法院提起上诉。逾期不提起上诉的，人民法院的第一审判决或者裁定发生法律效力。因此，当事人对一审判决或裁定不服而提起上诉的，二审诉讼程序开始。律师代理当事人参加二审诉讼，要准确把握行政诉讼二审程序的如下重要问题：

6.1.1　需要考虑是否达到法定的开庭审理条件

《行政诉讼法》第 59 条规定，"人民法院对上诉案件，认为事实清楚的，可以实行书面审理"。同时，《行诉解释》第 67 条第 2 款规定，"当事人对原审人民法院认定的事实有争议的，或者第二审人民法院认为原审人民法院认定事实不清楚的，第二审人民法院应当开庭审理"。

因此，行政诉讼的二审程序，可以开庭审理，也可不开庭审理。开庭审理适用于：（1）二审法院认为一审法院认定事实不清楚的；（2）当事人对一审法院认定的事实有争议的。

因此，在代理二审诉讼过程中，如果代理上诉人的律师认为二审开庭审理比较有利于案件的解决，应当对一审裁判认定事实部分进行充分的研究，从中发现有争议的部分，并将这部分事实和理由作为上诉的事实和理由，这样可以有效启动上诉审查的开庭审理程序。

实践中，二审法院在不开庭审理的情况下，也较少采用完全书面审理的方式审理案件，大多采用"谈话"的方式了解案件情况，听取各方的意见。所谓"谈话"，并非一个法定程序，而是二审法官了解案件情况的一种方式，形式上由 1 名承办法官和 1 名书记员进行；程序上类似于开庭程序，各方当事人均需到场，完成调查、质证、辩论等基本程序。所以，即使是"谈话"的方式，对于各方当事人而言，也是极为重要的向法官陈述意见的机会，要像对待开庭审理一样对待"谈话"。

二审法院在认为案件事实清楚的情况下，也会采用完全书面审理的方式审理案件。在此情况下，有两种工作方式是代理律师需要特别重视的：（1）加大书面材料的准备力度，将案件争议的焦点问题形成书面材料提交法庭，比如上诉人的上诉状、代理词，被上诉人的答辩状、代理词等；（2）可以采用电话联系的方式，向承办法官陈述相关意见。

6.1.2 行政诉讼二审的全面审查原则

《行诉解释》第 67 条第 1 款规定，第二审人民法院审理上诉案件，应当对原审人民法院的裁判和被诉具体行政行为是否合法进行全面审查；第 70 条规定，第二审人民法院审理上诉案件，需要改变原审判决的，应当同时对被诉具体行政行为作出判决。这就确立了行政诉讼中二审的全面审查原则。这一原则的主要内容包括：

（1）二审诉讼审查的对象不仅包括一审裁判的内容，也包括一审被诉具体行政行为的内容。行政诉讼的目的是要解决被诉具体行政行为的合法性问题，所以二审法院不仅要审查一审裁判是否合法，还要对被诉具体行政行为的效力进行认定。因此，二审诉讼的审理将围绕着一审裁判和被诉具体行政行为进行。律师代理行政诉讼二审无论是代理上诉人还是代理被上诉人，对于法院审理的范围要有明确的认识，既要熟悉一审裁判的内容，又要熟悉被诉具体行政行为的相关证据和法律适用，这样才能有效配合二审法院的审理工作。

（2）二审诉讼审查一审裁判和被诉的具体行政行为，不受当事人争议及其理由的限制。无论上诉人上诉的事实和理由如何，二审法院审查的内容基本上是法定的。在审查一审裁判的合法性时，要审查一审裁判认定事实、适用法律、审判程序 3 个环节的合法性问题；在审查被诉具体行政行为的合法性时，要对被诉具体行政行为的职权依据、事实根据、法律适用、行为程序以及是否存在超越职权、滥用职权等进行全面审查。当事人在上诉程序中即使没有就上述问题提出争议，二审法院仍然要予以审理。

因此，律师在代理上诉程序中，要对一审裁判的合法与否、被诉具体行政行为的合法与否问题做好全面的准备工作。尤其是一审代理行政机关的律师，要充分应对二审法院可能对被诉具体行政行为的合法性进行重新审查。

6.1.3 行政诉讼二审限制新证据提供原则

行政诉讼中，诉讼证据应当在一审程序中提供和完成审查，其中：原告或者第三人应当在开庭审理前或者人民法院指定的交换证据之日提供证据。因正当事由申请延期提供证据的，经人民法院准许，可以在法庭调查中提供；逾期提供证据的，视为放弃举证权利。被告应当在一审答辩期届满前提供全部证据和法律依据。《行诉解释》第 31 条第 3 款规定，"被告在二审过程中向法庭提交在一审过程中没有提交的证据，不能作为二审法院撤销或者变更一审裁判的根据"。《证据规定》第 7 条第 2 款进一步明确规定，"原告或者第三人在第一审程序中无正当事由未提供而在第二审程序中提供的证据，人民法院不予接纳"。这些内容均确定了行政诉讼二审程序中，限制新证据提供的基本原则。

因此，律师在代理行政诉讼二审案件时，要理解和把握这一原则的基本内容，在代理工作中围绕一审诉讼证据展开。律师应当对一审各方当事人提供的证据进行全面的审查，并对一审法院认定的事实进行分析，进而判断案件的走向和代理策略。二审中，律师很难通过收集新证据来取得案件的实质性突破，除非在两种情况下可以提供新证据：（1）人民法院要求当事人提供或者补充新证据；（2）原告或者第三人有正当事由，不能在一审诉讼中提供的有关证据。

律师在代理二审诉讼过程中，需要结合二审诉讼的特点，全面考量案件的各类要素，判断如何提出上诉理由、如何进行上诉的答辩、如何确定诉讼的策略等。

6.1.4　行政诉讼二审中的撤诉

《最高人民法院关于行政诉讼撤诉若干问题的规定》第 8 条第 1 款规定，"第二审或者再审期间行政机关改变被诉具体行政行为，当事人申请撤回上诉或者再审申请的，参照本规定"。因此，在二审诉讼中，可以因行政机关改变被诉具体行政行为撤回上诉，同时要符合该司法解释第 2 条规定的如下条件：（1）申请撤诉是当事人真实意思表示；（2）被告改变被诉具体行政行为，不违反法律、法规的禁止性规定，不超越或者放弃职权，不损害公共利益和他人合法权益；（3）被告已经改变或者决定改变被诉具体行政行为，并书面告知人民法院；（4）第三人无异议。

此外，根据该司法解释，行政诉讼二审的撤诉仅适用于行政机关作为被上诉人的情形。

[资料链接]

《中华人民共和国行政诉讼法》

第五十八条：当事人不服人民法院第一审判决的，有权在判决书送达之日起十五日内向上一级人民法院提起上诉。当事人不服人民法院第一审裁定的，有权在裁定书送达之日起十日内向上一级人民法院提起上诉。逾期不提起上诉的，人民法院的第一审判决或者裁定发生法律效力。

第五十九条：人民法院对上诉案件，认为事实清楚的，可以实行书面审理。

第六十条：人民法院审理上诉案件，应当在收到上诉状之日起两个月内作出终审判决。有特殊情况需要延长的，由高级人民法院批准，高级人民法院审理上诉案件需要延长的，由最高人民法院批准。

第六十一条：人民法院审理上诉案件，按照下列情形，分别处理：

（一）原判决认定事实清楚，适用法律、法规正确的，判决驳回上诉，维持原判；

（二）原判决认定事实清楚，但是适用法律、法规错误的，依法改判；

（三）原判决认定事实不清，证据不足，或者由于违反法定程序可能影响案件正确判决的，裁定撤销原判，发回原审人民法院重审，也可以查清事实后改判。当事人对重审案件的判决、裁定，可以上诉。

[资料链接]

《最高人民法院关于执行〈中华人民共和国行政诉讼法〉若干问题的解释》

第六十五条：第一审人民法院作出判决和裁定后，当事人均提起上诉的，上诉各方均为上诉人。

诉讼当事人中的一部分人提出上诉，没有提出上诉的对方当事人为被上诉人，其他当事人依原审诉讼地位列明。

第六十六条：当事人提出上诉，应当按照其他当事人或者诉讼代表人的人数提出上诉状副本。

原审人民法院收到上诉状，应当在5日内将上诉状副本送达其他当事人，对方当事人应当在收到上诉状副本之日起10日内提出答辩状。

原审人民法院应当在收到答辩状之日起5日内将副本送达当事人。

原审人民法院收到上诉状、答辩状，应当在5日内连同全部案卷和证据，报送第二审人民法院。已经预收诉讼费用的，一并报送。

第六十七条：第二审人民法院审理上诉案件，应当对原审人民法院的裁判和被诉具体行政行为是否合法进行全面审查。

当事人对原审人民法院认定的事实有争议的，或者第二审人民法院认为原审人民法院认定事实不清楚的，第二审人民法院应当开庭审理。

第六十八条：第二审人民法院经审理认为原审人民法院不予受理或者驳回起诉的裁定确有错误，且起诉符合法定条件的，应当裁定撤销原审人民法院的裁定，指令原审人民法院依法立案受理或者继续审理。

第六十九条：第二审人民法院裁定发回原审人民法院重新审理的行政案件，原审人民法院应当另行组成合议庭进行审理。

第七十条：第二审人民法院审理上诉案件，需要改变原审判决的，应当同时对被诉具体行政行为作出判决。

第七十一条：原审判决遗漏了必须参加诉讼的当事人或者诉讼请求的，第二审人民法院应当裁定撤销原审判决，发回重审。

原审判决遗漏行政赔偿请求，第二审人民法院经审查认为依法不应当予以赔偿的，应当判决驳回行政赔偿请求。

原审判决遗漏行政赔偿请求，第二审人民法院经审理认为依法应当予以赔偿的，在确认被诉具体行政行为违法的同时，可以就行政赔偿问题进行调解；调解不成的，应当就行政赔偿部分发回重审。

当事人在第二审期间提出行政赔偿请求的，第二审人民法院可以进行调解；调解不成的，应当告知当事人另行起诉。

第七十二条：有下列情形之一的，属于行政诉讼法第六十三条规定的"违反法律、法规规定"：

（一）原判决、裁定认定的事实主要证据不足；

（二）原判决、裁定适用法律、法规确有错误；

（三）违反法定程序，可能影响案件正确裁判；

（四）其他违反法律、法规的情形。

■ 6.2　二审程序中律师代理上诉人的主要工作_____

6.2.1　律师接受当事人的委托

6.2.1.1　判断一审裁判是否可以上诉

一审判决均属于可以上诉的判决，但是仅有少数的裁定可以上诉。根据《行诉解释》第 63 条，当事人可上诉的裁定包括：（1）不予受理的裁定；（2）驳回起诉的裁定；（3）管辖异议的裁定。

6.2.1.2　判断是否在上诉期内

根据《行政诉讼法》第 58 条，当事人不服人民法院第一审判决的，有权在判决书送达之日起 15 日内向上一级人民法院提起上诉。当事人不服人民法院第一审裁定的，有权在裁定书送达之日起 10 日内向上一级人民法院提起上诉。逾期不提起上诉的，人民法院的第一审判决或者裁定发生法律效力。因此，律师在接待当事人的过程中，需要确切了解当事人接到一审判决、裁定的时间，判断是否在上诉期限内，以便决定是否代理上诉。

6.2.1.3　判断是否存在上诉的事实和理由

律师需要调取一审的全部证据材料以及一审裁判进行充分的研究，听取当事人的意见，对于一审裁判认定的事实、理由和法律适用、一审审判程序进行分析，确定争议的焦点问题，明确上诉的事实和理由。如一审裁判认定事实清楚、适用法律正确、审判程序合法，没有可以争议的空间的，律师应明确向委托人告知并征求委托人的意见，以确定是否最终提出上诉。

6.2.1.4　办理上诉委托手续

（略）

6.2.2 律师代理上诉人的主要工作

（1）查阅案件的全部材料，必要时应当查阅一审案卷

律师代理上诉人，需要对案件情况有全面的了解；代理律师如没有代理一审工作，还需要对一审的庭审情况有全面了解。因此，有必要向法院申请查阅一审的案卷材料，在全面掌握案情的情况下代理二审的上诉工作。

（2）草拟上诉状

律师在二审程序中代理上诉人，草拟的法律文件主要是上诉状。对于上诉状的草拟工作，需要给予充分的重视。考虑到二审诉讼书面审理的原则，二审上诉状的草拟工作尤其显得重要。

1）上诉状的基本内容。

上诉状应当为书面形式，载明上诉人、被上诉人的基本情况，上诉请求，上诉事实和理由等。

2）上诉状内容的确定。

A. 确定上诉的各方当事人。

一方当事人提起上诉的，该当事人为上诉人，未提起上诉的对方当事人为被上诉人，其他当事人依原审诉讼地位列明。共同诉讼中的一人或一部分人提起上诉的，提起上诉的当事人为上诉人，与上诉请求相对立的当事人均为被上诉人，与上诉请求利害关系一致、未提起上诉的其他当事人仍处于原审诉讼地位。

B. 确定上诉请求。

根据案件的具体情形，上诉请求可以是请求裁定撤销一审判决或裁定发回重审。这一裁定适用于：a. 原判决认定事实不清，证据不足；或者违反法定程序，可能影响案件正确判决的；b. 一审判决遗漏必须参加诉讼的当事人或部分诉讼请求的；c. 对一审法院作出的不予受理的裁定，二审法院认为确有错误且起诉符合法定条件，应当立案受理的；d. 对一审法院作出的驳回起诉的裁定，二审法院认为确有错误且起诉符合法定条件，应当继续审理的。

上诉请求也可以是要求依法改判，依法改判适用于：a. 一审法院认定事实清楚，但适用法律、法规有错误的；b. 一审判决认定事实不清，证据不足，或者由于违反法定程序可能影响案件正确判决的。

上诉状在要求依法撤销或者改变一审裁判时，除要求对一审裁判作出认定外，还应当要求法院对被诉的具体行政行为作出裁判，这是行政诉讼二审的一个重要特点。

3）上诉状的事实和理由

上诉状的事实和理由部分应当围绕一审判决、裁定认定的事实、理由和法律适用、审判程序进行陈述，对于一审判决、裁定认定的事实、理由及审判程序提出异议，并陈述具体的争议原因（如前所述，如果希望二审开庭审理，应当在上诉状中对于事实问题提出争议）。

[示范文本]

范本 1：　　　　　　　　　　　行政诉讼上诉状

上诉人：肖××，男，汉族，××××年××月××日出生，住××省××市××区 88 号院 519 室。

被上诉人：××省发展和改革委员会

一审原告：刘××，女，汉族，××××年××月××日出生，住××省××市××区 88 号院 890 室。

上诉人因不服被上诉人作出可行性研究报告一案，不服××市××区人民法院 (2013) 行初字第 610 号行政判决，现提出上诉。

上诉请求：

1. 请求依法撤销××市××区人民法院（2013）行初字第 610 号行政判决；

2. 请求判令撤销被上诉人作出的被诉具体行政行为；

3. 一审、二审诉讼费用由被上诉人承担。

事实和理由：

上诉人认为一审判决认定事实不清、证据不足，适用法律错误，程序违法，一审判决驳回上诉人的诉讼请求证据不足，缺乏依据，特提出上诉，请求判如所请。

此致

××市中级人民法院

上诉人：肖××

××××年××月××日

范本 2：　　　　　　　　　　　行政诉讼上诉状

上诉人：肖××，男，汉族，××××年××月××日出生，住××省××市××区 88 号院 519 室。

被上诉人：××省发展和改革委员会

一审原告：刘××，女，汉族，××××年××月××日出生，住××省××市××区 88 号院 890 室。

上诉人因不服被上诉人作出可行性研究报告一案，不服××市××区人民法院 (2013) 行初字第 610 号行政判决，现提出上诉。

上诉请求：

1. 请求依法撤销××市××区人民法院（2013）行初字第 610 号行政判决；

2. 请求判令撤销被上诉人作出的被诉行政行为；

3. 一审、二审诉讼费用由被上诉人承担。

事实和理由：

上诉人认为一审判决认定事实不清、证据不足，适用法律错误，程序违法，一审判决驳回上诉人的诉讼请求证据不足，缺乏依据，特提出上诉，具体事实和理由如下：

一、被上诉人在一审诉讼中未能提交作出被诉具体行政行为的前提条件证据，应当承

担举证不能的法律后果

根据国务院国办发〔2007〕64号文件第2条的规定，"实行审批制的政府投资项目，项目单位应首先向发展改革等项目审批部门报送项目建议书……完成相关手续后，项目单位根据项目论证情况向发展改革等项目审批部门报送可行性研究报告"。但是本案件中，被上诉人在一审诉讼中没有提供项目建议书，没有完成举证责任，应承担败诉的法律后果。

二、被上诉人作出的被诉具体行政行为缺乏法定职权依据

根据被上诉人提供的法律依据，本案的审批权限已经下放到市县级发展改革部门，被上诉人审批本项目缺乏法定职权。根据"职权法定原则"，被上诉人越权作出的被诉行政行为无效。

三、被上诉人作出被诉行政行为程序违法

根据《行政许可法》的规定，行政机关作出许可决定之前，应当听取利害关系人的意见。但是本案的被诉行政行为在作出过程中，没有征求包括上诉人在内的任何利害关系人的意见，构成程序违法。

一审判决未能认定上述被诉行政行为存在的问题，简单地驳回上诉人的诉讼请求，属于认定事实不清，适用法律错误。请求二审法院判如所请。

此致

××市中级人民法院

上诉人：肖××

××××年××月××日

以上是实践中常见的两个不同类型的上诉状，范本1极为简略，范本2就比较翔实、具体。代理律师可根据案件的实际情况，确定上诉状的繁简。

（3）代为提交上诉状和提供证据

因当事人需要在上诉期限届满前提交上诉状，如当事人委托律师提交上诉状的，律师应关注上诉的时间。实践中，有些法院收到上诉材料后，不出具收据或者（不予）受理通知书等文件，对于律师是很不利的。所以，建议律师可以与当事人一同前往提交上诉状，或者通过特快专递的方式提交上诉状。

上诉的同时，应当将一审提交的证据同时提交。在提交证据过程中，如因为客观情况产生了新证据，应当同时向法院提交；或者认为产生了新证据而需要法院调取的，应向法院提出调取证据的申请。

（4）参加庭审工作

行政诉讼的二审庭审工作，主要围绕上诉理由，对一审裁判和被诉具体行政行为的合法性进行审查，所以上诉人的代理律师在开庭前应当做好以下准备：

1）对于上诉的事实和理由有详尽的说明，包括证据和法律依据；

2）对于一审裁判的内容能够指出具体的错误，具体到页码、段落、行；对于认为错误的内容能够阐明事实和法律依据；

3）对于被诉具体行政行为的合法性与否有明确的认识，并能够全面、系统阐述具体的事实和理由；

4）对于被上诉人的答辩意见能够形成有效的反驳，阐明具体的证据和依据；

上诉人的代理律师在二审的庭审过程中，陈述和论辩应当重点突出、论据充分。

（5）提交代理意见

二审庭审工作结束后，代理人根据庭审情况，就案件争议的焦点问题，认为需要继续阐明的，可以通过提交代理意见的方式，向合议庭系统阐述相关的观点。

（6）代为领取法律文书

6.3 二审程序中代理被上诉人的主要工作

6.3.1 接受被上诉人的委托

接受被上诉人的委托时可以不审查过多的内容，只要一审裁判程序的当事人，因对方上诉而要求律师代理的，律师可以接受其代理。

6.3.2 草拟二审答辩状

律师代理被上诉人草拟的主要法律文书是答辩状。二审的答辩状应为书面形式，其主要内容包括：（1）答辩人、被答辩人的基本情况；（2）答辩请求；（3）主要事实和理由。

其中，在事实和理由部分，应当表明对一审裁判的认可或者不认可。被上诉人认可一审裁判的，应明确表示同意一审裁判的内容；认为一审裁判认定的内容与事实不符的，应指出并作详尽的说明。同时，在事实和理由部分要重点针对上诉人的上诉理由进行答辩。

另外，如认为上诉期限已经超过的，可以对上诉期限问题提出质疑。

[示范文本]

行政诉讼答辩状

答辩人：××省发展和改革委员会

法定代表人：（略） 职务：主任

被答辩人：肖××，男，汉族，××××年××月××日出生，住××省××市××区 88 号院 519 室。

一审原告：刘××，女，汉族，××××年××月××日出生，住××省××市××区 88 号院 890 室。

上诉人肖××不服××区人民法院（2013）行初字第 610 号行政判决（以下简称"一审判决"），已经向贵院提出上诉。现答辩人（以下简称"我委"）根据事实和法律，陈述如下答辩意见：

一、我委认为被诉行政行为证据确凿，适用法律、法规正确，符合法定职权和法定程序，依法应予维持。一审判决认定事实清楚，适用法律、法规正确，审判程序合法，请求二审法院判决驳回上诉，维持一审判决。

二、上诉人的上诉理由不能成立，理由如下：

1. 上诉人认为没有报送项目建议书，所以被诉的项目可行性研究报告批复违法，该理由不能成立

项目建议书批复与可行性研究报告批复是两个独立的行政行为，项目建议书不是可行性研究报告批复的审查条件。因此，项目建议书是否报批，与被诉行政行为的合法性没有法律上的关联性。

2. 关于我委的审批权限

在我委提交的法律依据中，我委的一些职权已经下放到市县级发展改革部门。但是本案涉及的项目，不属于下放的权限内容。上诉人认为我委没有审批权限，属于对法律规定的理解错误。

3. 关于我委的审批程序

根据国务院的文件批复，我委对政府投资类项目的审批不属于行政许可，因此不需要遵循《行政许可法》规定的程序。

综上所述，我委认为被诉行政行为证据确凿，适用法律、法规正确，符合法定职权和法定程序，依法应予维持。一审判决认定事实清楚，适用法律、法规正确，审判程序合法。上诉人的上诉理由不能成立，请求二审法院驳回上诉，维持一审判决。

此致

××市中级人民法院

××省发展和改革委员会

××××年××月××日

6.3.3　提交答辩状和证据

根据《行诉解释》第 66 条，当事人提出上诉，应当按照其他当事人或者诉讼代表人的人数提出上诉状副本。原审人民法院收到上诉状，应当在 5 日内将上诉状副本送达其他当事人，对方当事人应当在收到上诉状副本之日起 10 日内提出答辩状。原审人民法院应当在收到答辩状之日起 5 日内将副本送达当事人。原审人民法院收到上诉状、答辩状，应当在 5 日内连同全部案卷和证据，报送第二审人民法院。已经预收诉讼费用的，一并报送。

律师代理被上诉人的，应当代理被上诉人在法定期限内提交答辩状。被上诉人不提交答辩状，不影响案件的审理工作。实践中，被上诉人没有在法定期限内提交答辩状的，也可以在庭审过程中书面提交或者口头陈述答辩意见。但是从律师代理的角度，提供书面的答辩状是比较正式的做法，因为答辩状需要委托人签字或者盖章，表明委托人同意二审答辩的策略和答辩内容，这在一定程度上形成对律师的保护。

6.3.4　代理参加庭审

二审的开庭审理，一般遵循如下程序：（1）法庭了解双方当事人基本情况；（2）上诉人宣读上诉状；（3）被上诉人宣读或者陈述答辩意见；（4）法院了解被诉具体行政行为的

内容，了解上诉理由，了解争议焦点问题；（5）二审提交的新证据的质证；（6）就案件焦点问题进行调查和辩论；（7）法庭最后陈述。

因此，在二审诉讼中，案件审理的重点在于案件的争议焦点问题，案件审理重点更为突出，对于代理人把握重点的能力要求更高。代理被上诉人的庭审工作，核心要把握以下几个方面的内容：（1）对于一审裁判是全部认同还是部分认同；（2）对于上诉理由如何进行回应；（3）对于二审提交的新证据如何质证。

6.3.5　提交代理意见（略）

6.3.6　代理参加宣判、领取法律文书（略）

练习与测试

1. 行政诉讼中的二审代理工作有哪些特殊需要注意的问题？
2. 行政诉讼上诉状的上诉请求都有哪些？
3. 代理上诉人的工作有什么重点？
4. 代理被上诉人的工作有哪些重点？

单元总结

行政诉讼中的二审代理工作，要求代理律师全面了解一审的代理情况，对案件事实和法律适用有全面的分析判断，对于一审判决裁定有详细具体的分析。无论是书面审理还是开庭审理，律师均需要将案件的争议焦点问题向合议庭完整陈述，做到有理有据。

第 **7** 章

行政诉讼审判监督程序中的代理工作

单元要点

本章主要介绍了行政诉讼中律师代理审判监督案件的流程，对于哪些案件能够接受代理、如何进行代理，以及在代理过程中应当注意的问题进行了全面介绍。

学习目标

通过本章的学习，需要掌握律师代理审判监督案件的主要工作内容，了解不同环节点的重点工作，能够基本领会再审案件的代理工作的特点。

行政诉讼案件经过一审判决且过上诉期或二审判决之后，判决或裁定就已经发生法律效力，对当事人具有拘束力，双方当事人都必须遵守，非经法定程序不得变更。这是保障发生法律效力的判决和裁定的稳定性，维护法律的尊严和法院的权威，保证判决和裁定所确认的当事人权利的实现和义务的履行所必需的。但事实证明，由于行政审判的复杂性，加之审判人员自身素质的限制，判决和裁定中存在错误在所难免。因此，法律设置审判监督程序作为一种审判上的补救制度，维护当事人的合法权益。

根据《行政诉讼法》及司法解释的有关规定，行政诉讼再审程序的启动可以分为三种方式：一是行政案件当事人申诉或者申请再审；二是人民法院依职权提起再审；三是人民检察院提起行政抗诉而启动再审。在这三种途径下，每种方式提起的理由和程序都有各自特征，因此，律师代理工作的内容也有所区别。本章主要介绍第一种再审方式下的律师代理工作，即在当事人申诉或者申请再审情况下律师的代理工作。其他两种方式启动的再审程序，工作的重点在于人民法院和人民检察院，律师和当事人的工作在于"让人民法院或者人民检察院发现"，这两种方式不在本章的讨论范围之内。

7.1　当事人提出申诉或申请再审的代理工作

在行政诉讼过程中，如果当事人及其律师不服已生效的判决、裁定，且符合启动审判监督程序条件的，可以依法申请再审。当事人及其律师能否成功申请再审，关键在于是否准确理解、掌握和运用提起审判监督程序的法定条件。所以，行政诉讼代理律师接受当事人的委托而申请再审的，应审查是否符合申请再审的法定条件。[①]

---

① 参见陈永革主编：《行政诉讼法学》，329～333 页，成都，四川大学出版社，2010；江必新、梁凤云：《行政诉讼法理论与实务》，2 版，957～970 页，北京，北京大学出版社，2011。

7.1.1　申请再审人应为案件"当事人"

根据《行政诉讼法》的规定，申请再审的主体必须是认为已经发生法律效力的判决、裁定确有错误的当事人。判断当事人资格的关键在于是否"有法律上利害关系"。特别是，行政诉讼案件申请再审的主体不包含案外人。此处的"当事人"包括原告、被告以及被生效裁判确定承担实体义务、责任的第三人。因此，原审结案件的当事人以及有法律上利害关系的第三人有资格在认为发生法律效力的判决、裁定确有错误时向人民法院提出申诉或者申请再审。法定代表人可以代表法人作为当事人提出再审申请，法定代理人可以代理无民事行为能力、限制行为能力的当事人提出再审申请。

7.1.2　申请再审需在法定期限之内

在行政诉讼再审程序中，根据行政案件的不同情况，主要包括以下申请期限：第一，对于生效裁判（包括判决和裁定）申请再审的，适用 2 年的申请期限。根据《行诉解释》第 73 条和《最高人民法院关于规范人民法院再审立案问题的若干意见（试行）》第 12 条的规定，当事人申请再审，应当在判决、裁定发生法律效力后 2 年内提出。第二，对于生效的行政赔偿调解书，适用 2 年的申请期限。当事人对于已经发生法律效力的行政赔偿调解书，提出证据证明调解违反自愿原则或者调解协议的内容违反法律规定的，可以在 2 年内申请再审。

7.1.3　行政判决、裁定或行政赔偿调解书已经发生法律效力

根据《行政诉讼法》和《行诉解释》的规定，当事人申请再审的对象必须是已经生效的行政判决、裁定和行政赔偿调解书。生效的行政判决、裁定包括：终审的行政判决、裁定（含最高人民法院的一审行政判决、裁定和第二审人民法院的行政判决、裁定）；上诉期间届满，未被当事人提出上诉的地方各级人民法院的一审行政判决、裁定（如不予受理、管辖异议处理、驳回起诉的裁定）。倘若行政判决、裁定尚未发生法律效力，例如，一审判决、裁定未过上诉期，自然没有提出申诉或申请再审的基本前提。

7.1.4 申请再审有具体的诉求

当事人申请再审必须要有具体的请求，以便人民法院有针对性地进行再审。申诉或者申请再审的具体请求，应针对被申诉或者申请再审的原审法院生效法律文书及其所处置的被诉具体行政行为和公民、法人或其他组织的权益，或者所涉及的诉讼程序阶段环节而提出，具体包括四个方面：（1）针对原审法院已经生效的判决、裁定、行政赔偿调解书的撤

销或变更的请求；（2）针对原审法院对于被诉具体行政行为合法性认定结论和（或）处理结论的撤销或变更的请求；（3）针对原审法院没有保护好的本方的合法权益或者依法行政的保护或维持的请求；（4）针对原审法院没有进行的诉讼程序的重新启动的请求。比如，针对原审法院不予受理裁定的申诉或者申请再审，可以请求法院撤销该不予受理裁定而重新启动立案程序予以立案受理，等等。

7.1.5　申请再审具有法定理由

再审申请必须具有再审的法定理由。根据《行政诉讼法》第 63 条的规定，提起审判监督程序的法定理由是"已经生效的判决、裁定……违反法律、法规规定"。根据《行诉解释》第 72 条的规定，有下列情形之一的，属于《行政诉讼法》第 62 条规定的"违反法律、法规规定"：原判决、裁定认定的事实主要证据不足；原判决、裁定适用法律、法规确有错误；违反法定程序，可能影响案件正确裁判；其他违反法律、法规的情形。

1. 原判决、裁定认定的事实主要证据不足

主要证据用来证明案件的基本事实，原判决、裁定认定的"基本事实"，即对原判决、裁定的结果有实质影响，用以确定当事人主体资格、案件性质、具体权利或义务和行政法责任等主要内容所依据的事实。原判决、裁定认定的基本事实缺乏证据证明，包括[1]：（1）原判决、裁定所认定事实没有证据或者没有足够证据支持的；（2）原判决、裁定对有足够证据支持的事实不予认定的；（3）原判决、裁定采信了伪证并作为认定事实的主要证据的；（4）原审当事人及其诉讼代理人由于客观原因不能自行收集的主要证据，人民法院应予调查取证而未进行调查取证，影响原判决、裁定正确认定事实的；（5）原审当事人提供的证据互相矛盾，人民法院应予调查取证而未进行调查取证，影响原判决、裁定正确认定事实的；（6）原判决、裁定所采信的鉴定结论的鉴定程序违法或者鉴定人不具备鉴定资格的；（7）原判决、裁定认定事实的主要证据不足的其他情形。

2. 原判决、裁定适用法律、法规确有错误

原判决、裁定适用法律确有错误，即该行政判决、裁定"依据"法律、法规，"参照"行政规章不正确，包括原判决、裁定：（1）适用的行政实体法律、法规、规章及其他规范性文件与案件性质明显不符；（2）确定被诉具体行政行为是否合法或者对行政赔偿责任的认定及承担明显违背法律、法规、规章及其他规范性文件的规定；（3）适用已经失效或尚未生效、施行的法律、法规、规章及其他规范性文件；（4）违反法律、法规溯及力的规定；（5）违反法律适用规则；（6）明显违背立法本意；（7）其他适用法律、法规、规章及其他规范性文件规定确有错误的情形。

3. 违反法定程序，可能影响案件正确裁判

（1）违反法律规定，管辖错误。对于级别管辖而言，如果法律明确规定了某类案件属

---

① 参见《人民检察院民事行政抗诉案件办案规则》第 33 条的规定。

于某一个级别法院管辖的，就不能违反相应规定。对于地域管辖而言，分为一般地域管辖和特殊地域管辖。一般地域管辖，诸如行政案件由最初作出具体行政行为的行政机关所在地人民法院管辖；特殊地域管辖，诸如行政机关基于同一事实既对人身又对财产实施行政处罚或者采取行政强制措施的，被限制人身自由的公民、被扣押或者没收财产的公民、法人或者其他组织对上述行为均不服的，既可以向被告所在地人民法院提起诉讼，也可以向原告所在地人民法院提起诉讼。对于专属管辖而言，主要是指法律强制规定某一类案件只能由特定的人民法院进行管辖。

（2）审判组织的组成不合法或者依法应当回避的审判人员没有回避。这一项主要包括两个内容：一是"审判组织的组成不合法"。根据《行政诉讼法》第 46 条的规定，人民法院审理行政案件，由审判员组成合议庭，或者由审判员、陪审员组成合议庭；合议庭的成员，应当是 3 人以上的单数。"审判组织的组成不合法"主要是指应当组成合议庭而不组成合议庭，应当由合议庭审理却实行独任审判，法官在庭审中缺席以及不具备法官资格等情况。二是"依法应当回避的审判人员没有回避"。《行政诉讼法》第 47 条规定：当事人认为审判人员与本案有利害关系或者有其他关系，可能影响公正审判，有权申请审判人员回避。审判人员认为自己与本案有利害关系或者有其他关系，应当申请回避。前两款规定，适用于书记员、翻译人员、鉴定人、勘验人。

（3）无诉讼行为能力人未经法定代理人代为诉讼，或者应当参加诉讼的当事人因不能归责于本人或者其他诉讼代理人的事由，未参加诉讼。《行政诉讼法》第 26 条规定，因同一行政行为发生的行政案件，属于必要共同诉讼，如果没有一同起诉或者应诉的，应当予以追加，人民法院还应当合并审理。《行诉解释》第 80 条也规定，遗漏必须参加诉讼的当事人的，应当再审。如果在这种情况下，因不能归责于本人或者其他诉讼代理人的事由，未参加诉讼的，实际上属于遗漏必须参加的当事人的情形，属于再审事由。

（4）违反法律规定，剥夺当事人辩论权利。《行政诉讼法》第 9 条规定，当事人在行政诉讼中有权进行辩论，有权就案件争议的事实和其他问题，各自陈述自己的主张和事实根据，互相进行反驳和答辩，以维护当事人的合法权益。如果在行政诉讼中违法剥夺当事人辩论权利的，为再审事由。值得注意的是，这里"剥夺"的情形是指严重破坏当事人辩论之情形，并不包括法庭依法制止其陈述的情况，例如，当事人在相互发问时采取引诱、威胁、侮辱等语言或者方式，重复陈述未被法庭认定的事实等，这是人民法院指挥诉讼进程的需要，并非剥夺当事人辩论权利之情形。

（5）未经合法传唤，缺席判决。缺席判决的正当性基础在于程序上给予当事人足够的保障。在行政诉讼中，如果经人民法院两次合法传唤，被告无正当理由拒不到庭的，人民法院可以作出缺席判决。如果人民法院没有发出传票或者仅仅一次传票传唤的，或者仅仅以口头传唤或书面通知方式传唤的，均不得作出缺席判决。

（6）原判决、裁定遗漏或者超出诉讼请求。《行诉解释》第 80 条规定，对与本案有关的诉讼请求未予裁判的，属于再审申请的理由。至于"超出诉讼请求"的情形则需要注意，行政诉讼的诉讼标的、审理对象均存在特别之处。例如，根据合法性审查的原则，即便原告在诉状中没有提及行政行为的合法性问题，法院也应当就行政行为的合法性作出判断。这种情况不属于超出原告的诉讼请求，而是法院在履行合法性审查的职责。

（7）违反法定程序可能影响案件的正确判决、裁定。值得注意的是，根据立法者的解释，这里的"违反法定程序"的主体是指人民法院，而非当事人或者其他诉讼参与人；同时还应当理解为违反了某些基本程序，而违反的结果是影响了案件的正确判决、裁定。只有违反程序的事实而没有影响案件的正确判决、裁定的，也不能引起再审程序的发生。[①]

（8）审判人员在审理该案件时有贪污受贿、徇私舞弊、枉法裁判行为。这里需要注意的是"在审理该案件时"的条件限制。如果审判人员的上述行为发生在其他案件或者其他问题上，则不能作为申请再审的理由。[②]另外，审判人员的上述违法行为必须确实存在和经查证属实，例如，有关审判人员因审理该案件已经因贪污受贿、徇私舞弊、枉法裁判等而被判处刑罚的。此外，如果审判人员的上述行为尚未构成犯罪，但是已经受到行政处分的，也可以适用该款规定。

7.2 立案的代理工作

7.2.1 草拟再审申请书

行政诉讼当事人申请再审应当采取书面方式，即必须提交申诉状或再审申请书。根据《关于规范人民法院再审立案的若干意见（试行）》的规定，再审申请书或申诉状，应当载明下列事项：（1）再审申请人与对方当事人的姓名、住所及有效联系方式等基本情况；法人或其他组织的名称、住所和法定代表人或主要负责人的姓名、职务及有效联系方式等基本情况；（2）原审人民法院的名称，原判决、裁定、调解文书案号；（3）申请再审的法定事由及具体事实、理由；（4）具体的再审请求。需注意的是，当事人关于再审具体请求、事实与理由，应详尽、全面、清楚地阐述生效行政判决、裁定存在违反法律、法规的法定再审情形；以新证据申请再审的，还应当说明原审未提出该证据的原因、新证据的来源、获得新证据的时间，以及新证据足以推翻原裁判的理由，以期引起受理机关的注意。

下面是"吴某某诉某县人民政府土地行政登记案"的行政再审申请书，可以作为代理律师撰写有关申请材料的参考样本。[③]

[示范文本]

行政再审申请书

再审申请人（原审原告、二审上诉人）：吴××，男，××××年××月××日生，

---

① 参见最高人民法院民事诉讼法培训班编：《民事诉讼法讲座》，158 页，北京，法律出版社，1991。
② 参见最高人民法院民事诉讼法培训班编：《民事诉讼法讲座》，158 页，北京，法律出版社，1991。
③ 资料来源：http://www.66law.cn/lawwrit/8064.aspx，最后访问时间：2013-09-08。

汉族，农民，住××县××乡××行×政村×××村。

委托代理人：徐××，山东××律师事务所律师，电话0531—67××5110。

再审被申请人（一审被告、二审被上诉人）：××县人民政府，住址：××县××路×号。

法定代表人：王××，县长。

再审被申请人（一审第三人、二审被上诉人）：吴××，男，1948年10月8日出生，汉族，农民，住××县××乡××行政村××村。

再审申请人吴××因诉再审被申请人××县人民政府土地行政登记一案，不服××市中级人民法院（2011）××行终字第××号行政判决、××县人民法院（2011）××初字第××号行政判决，现依据《中华人民共和国行政诉讼法》第62条、第63条第2款，《最高人民法院关于执行〈中华人民共和国行政诉讼法〉若干问题的解释》第72条，申请再审。

再审请求：

1. 依法撤销××市中级人民法院（2011）××行终字第××号行政判决。

2. 依法撤销××县人民法院（2011）××初字第××号行政判决。

3. 依法撤销××县人民政府颁发的××用（2008）第××号集体土地建设用地使用证书。

4. 判决××县人民政府承担一、二及再审诉讼费用。

事实和理由：

一、原一、二审判决认定事实有误，主要证据不足。

（详细内容）

二、原一、二审判决适用法律、法规有错误。

（详细内容）

三、原一、二审审判违反法定程序。

（详细内容）

综上，请求人民法院依法再审，撤销××县人民政府颁发的××用（2008）第××号集体土地建设用地使用证书，维护再审申请人的合法权益。

此致

××市中级人民法院

再审申请人：吴××

××年××月××日

附：新证据和材料明细表

1.

2.

7.2.2 准备相关材料

基于上述分析，接受代理的，应起草再审申请书，并准备材料如下：（1）原一、二审判决书、裁定书、行政赔偿调解书等法律文书；经过人民法院复查或再审的，应当附有驳回通知书、再审判决书或裁定书。（2）代理人身份证复印件、申诉人委托书、申诉人法人证明和身份证复印件。

以有新的证据证明原裁判认定的事实确有错误为由申请再审的，应当同时附有证据目录、证人名单和主要证据复印件或者照片；需要人民法院调查取证的，应当附有证据线索。

7.2.3 提交材料

律师代理申请再审可以向作出生效裁判的人民法院提出；作出生效裁判的人民法院驳回再审申请或者再审后当事人仍申请再审的，应当向上一级人民法院提出。若直接向上一级人民法院申请再审的，上一级人民法院一般不予立案，可以引导当事人向作出生效裁判的人民法院提出，也可以将申请材料移送作出生效裁判的人民法院处理。

律师应提交的材料如下：

（1）再审申请书正本及与被申请人、原审其他当事人数量相符的副本；（2）申请人的身份证明及基本情况说明；（3）申请再审的生效裁判文书原件，或者经核对无误的复印件；生效裁判系二审的，应同时提交一审、二审裁判文书原件、或者经核对无误的复印件；（4）向上一级人民法院申请再审的，应提交向作出生效裁判的人民法院申请再审已作出审查结论的证明材料；（5）支持再审理由和再审诉讼请求的证据复印件。

■ 7.3 代理参加听证

人民法院收到上述再审申请材料后，一般进入听证程序，审查决定申诉和申请再审案件是否进入再审程序。人民法院会重新组成合议庭，合议庭应在所确定的听证日期 7 天之前向申诉或申请再审人发出书面听证通知书，告知听证的时间、地点、合议庭组成人员、申请回避等权利、义务，向对方当事人送达再审申请书的副本。根据司法实践，听证一般可按下列程序进行：（1）审判长核对当事人后宣布听证开始；（2）申诉方陈述申诉或申请再审理由并举证；（3）被申诉方针对申诉方的理由发表意见并质证；（4）归纳申诉或申请再审双方争议的焦点；（5）各方当事人围绕争议的焦点进行辩论；（6）合议庭根据听证查明的事实进行评议；（7）视情形组织和解或调解；（8）宣布听证结束。在听证程序中，代理律师应围绕申请再审的理由和请求，依次进行举证、质证，并发表辩论意见。合议庭对信访案件组织听证，经评议，分别作如下处理：（1）认为申诉或申请再审明显不符合再审条件，不必调卷复查即可直接驳回的，可不撰写审理报告，但应将申诉和申请再审理由、听证有关情况、合议庭意见等详细填写在听证立案审查表中，并制作驳回申诉或再审申请通知书送达各方当事人。（2）认为需进一步调卷复查的，办理调卷手续，案件进入正式复查程序。案件进入复查程序后，合议庭认为需要组织听证的，参照上述信访听证程序进行

经复查，合议庭认为应驳回申诉或再审申请的案件，主审法官应在 15 天内制作驳回申诉或再审申请通知书。合议庭认为原判可能有误，应予再审的，报院长提请审判委员会讨论决定是否再审。[①]

7.4　代理参加庭审程序

人民法院决定再审的案件，其庭审程序有两种类型。一是按照第一审程序审理，包括：发生法律效力的判决、裁定是由第一审人民法院作出的。二是按照第二审程序审理，包括：（1）发生法律效力的判决、裁定是由第二审人民法院作出的。但二审错误维护一审不予受理的裁定的，再审法院应撤销一、二审不予受理的裁定，指令一审法院立案受理；（2）上级人民法院提审；（3）由上级人民法院指令再审。

由当事人申请再审启动再审程序的案件，再审案件的审理范围应确定在原审判程序的范围内，除了审查行政相对人的诉讼理由之外，还要审查具体行政行为的合法性。

7.5　代理参加庭审审理

人民法院决定再审后，应组成合议庭进行审理，合议庭人员由审判员组成。若为原审法院审理再审行政案件，无论是自行再审还是指令再审，均应另行组成合议庭。原合议庭人员不应参加新的合议庭审理。

在庭审审理中，代理律师提出的新证据，必须当庭质证；出示的书证、物证等应当交由对方当事人当庭辨认，发表质证意见；审判长根据案件的具体情况，经征求合议庭成员意见后，可当庭认证，或经合议庭评议后再行认证。

另外，在再审庭审进行当中，代理律师应注意以下几点：一是原判决、裁定的中止执行，但执行申请人向决定提起再审的人民法院提供担保的除外。行政诉讼法明确规定，按照再审程序审理的案件，应当裁定中止原判决的执行，上级人民法院提审或者指令下级人民法院审理，应当作出裁定，情况紧急的，可以口头通知负责执行的法院或原审法院中止执行，并在口头通知后 10 日内发送裁定书。二是无正当理由不参加庭审或未经允许中途

[①]　参照《浙江省高级人民法院关于民事、行政申诉、申请再审案件听证制度若干问题的规定（试行）》、《来宾市中级人民法院关于涉法涉诉信访案件及民事、行政申诉、申请再审案件、听证制度若干问题的规定》。

退庭的后果。根据行政诉讼法的规定，申诉方无正当理由不到庭或中途退庭的，按自动撤回申诉或再审申请处理；被申请人经合法传唤无正当理由拒不到庭或到庭后未经准许中途退庭，法院继续审理并经合议庭合议后作出判决、裁定。三是可终止再审的情形。以上三种情形下，代理律师可根据案件情况而选择对案件有利的方面进行选择运用。

7.6　领取判决、裁定

在审理期限上，如果再审案件按照一审程序审理，则适用《行政诉讼法》第 57 条规定的审理期限，即立案之日起 3 个月内作出判决。如果再审案件按照第二审程序审理，则适用第 60 条规定的审理期限，即两个月内作出判决、裁定。

律师领取判决、裁定后，需根据判决、裁定的具体内容与当事人讨论下一步的法律行动。

练习与测试

当事人申请再审的案件，代理律师应分别从哪些方面进行分析是否代理？

单元总结

本章主要介绍当事人申诉或申请再审方式下再审案件的律师代理工作。

第8章

律师代理行政赔偿诉讼

单元要点

本章重点阐述了行政赔偿诉讼和行政诉讼、民事诉讼及刑事赔偿的区别与联系，代理行政赔偿诉讼的路径，委托关系的确定，代理应掌握的各环节要点，一并或单独行政赔偿诉讼的选择。以《国家赔偿法》、《行政诉讼法》及《最高人民法院关于审理行政赔偿案件若干问题的规定》（以下简称《行政赔偿诉讼司法解释》）、《行诉解释》等为背景，对行政赔偿诉讼进行了详细介绍。鉴于前面章节已经详尽介绍了诉讼程序的内容，本章重点介绍行政赔偿诉讼的特殊代理内容。

学习目标

希望通过本章的学习，能提高动手能力，直接代理行政赔偿诉讼原、被告，解决实际问题。要实现独立办案，应重点掌握以下知识点：（1）行政赔偿责任的特点、构成及与民事责任的区别；（2）行政赔偿诉讼的路径选择；（3）委托代理关系的建立；（4）一并或单独提起的行政赔偿诉讼的代理要点；（5）行政赔偿诉讼的受案范围、管辖、举证、审判程序。

■ 8.1　行政侵权赔偿责任的特点

8.1.1　行政侵权的行为特征

行政侵权行为，是指行政机关及其工作人员违法实施的具体行政行为的各种表现形式。行政侵权行为，有消极的"不作为"的方式，也有积极的"作为"的方式。无论其表现形式如何，因其本身违法，都应当承担行政赔偿责任。

当然，并非行政机关及其工作人员实施的所有违法行为都应承担行政赔偿责任，如行政机关拒不结算工程款、失火殃及邻居等，这些行为承担的是民事责任。如行政机关的公务员危险驾驶、开设赌场、使用假发票等，这些行为应当承担刑事责任。无论是承担民事责任还是承担刑事责任，虽然都是行政机关实施的违法行为，但非基于行政管理目标。由此得出结论，行政侵权责任应当是行政机关及其工作人员基于行使行政管理职权而产生的责任。

行政机关工作人员实施的有些行为是基于行政管理的职务行为，但有些行为并非职务行为，造成他人损害的，应当由其个人承担民事责任或刑事责任。一般来说，是否发生在"工作时间"是判断是否属于职务行为的重要标准，行政机关工作人员工作时间之外实施的行为，一般来说，不属于行使行政管理职权的行为。但是，判断行政机关工作人员的行为是否属于履行行政管理职权的职务行为，仅凭工作时间标准是不够的，不利于对行政侵权受害人的权利保护，还应当结合并重点考虑以下几个方面。

1. 执行职务的场所

一般来说，行政机关工作人员在执行职务的特定场所实施的行为应当属于职务行为，在非特定工作场所实施的行为一般不能界定为行政职务行为。如警察将行政违法嫌疑人带到治安岗亭，交给协警审讯，警察独自去吃夜宵，结果协警失手将违法嫌疑人殴打致死。虽然警察不在现场，但其将公安行政管理职权暂时委托给协警行使，导致违法嫌疑人在公安机关特定的工作场所被违法殴打致死，应当判定为行政侵权行为。

在工作场所实施的行为并非全部是行政机关工作人员的职务行为。如上述案例中，如果警察在岗亭中无意发现协警的手机里有其与自己老婆的暧昧短信，且明显超越正常男女关系，警察恼羞成怒之下，将协警殴打致伤。虽然也是发生在公安机关特定的履行职务的工作场所，但警察的行为不能界定为职务行为。

2. 实施行为时的名义

行政机关工作人员实施的行政行为，如以行政机关或行政机关工作人员的身份出现，应当视为职务行为；如未标明身份，和本身职权无关，则应当视为个人行为。如出示了执法证件、佩戴执法标志、公务着装、亮明身份等，应当视为履行行政管理职权的职务行为，产生的行政法律后果由行政机关承担。

但在很多情况下，即便出示了执法证件、佩戴执法标志、公务着装，也不能推定其就是代表所属行政机关实施的行为。如公务员着工作装嫖娼不付嫖资，并出示执法证件相威胁，这属个人行为，也是公安机关应当打击的违法行为，其身份不再是行政执法人员，而是违法嫌疑人。

3. 与职权有内在联系

与职权有无内在联系，也是判断行政机关工作人员的行为是否属于职务行为的一个重要标准。只要行政机关工作人员实施的行为和职权具有内在联系，一般就能够判断是代表行政机关作出的职务行为，否则，应当视为个人行为。但应当注意，这种联系必须是内在的实质性的联系。

如文化、工商、城管等行政机关在对卡拉 OK 厅联合执法行动中，都没有佩戴执法标志，但有人将卡拉 OK 厅的执照违法扣押，这时应以与职权有内在联系的标准来判断谁是实际行政侵权人。依规定，执照的颁发和扣押机关均为工商局，这是工商局的职权范围，文化局、城管局无此职权，所以，实施扣押执照的行为应当推定为工商局实施，并应由工商局承担行政侵权责任。

8.1.2 行政侵权赔偿的归责原则

按民法原理，侵权行为一般实行以过错为主、无过错为辅的赔偿归责原则，即行为人基于主观上的过错对自己的侵权行为承担法律责任，特定情况下，即便无过错，只要造成他人损害结果，也应当承担赔偿责任。

那么，行政侵权赔偿责任能否像民事侵权责任一样实行过错责任或无过错责任原则呢？通过分析《国家赔偿法》第 2 条的规定，可以得出结论：不可以。《国家赔偿法》第 2 条确立的是"违法归责原则"，即只要行政机关及其工作人员实施的行政行为认定事实错误、超越职权、违反法定程序、滥用职权、证据不足、定性不当等，就会被确认违法或被撤销，应当根据"违法归责原则"承担行政赔偿责任。只要行政行为违法，不管主观上是否有过错，行政机关都应当依法承担行政赔偿责任。

［资料链接］

《中华人民共和国国家赔偿法》

第二条：国家机关和国家机关工作人员行使职权，有本法规定的侵犯公民、法人和其他组织合法权益的情形，造成损害的，受害人有依照本法取得国家赔偿的权利。

本法规定的赔偿义务机关，应当依照本法及时履行赔偿义务。

8.1.3　行政赔偿责任的构成要件

行政赔偿责任，是指行政机关及其工作人员在行使行政职权的过程中，因违法造成行政相对人损害而由国家承担的赔偿责任。确切理解行政赔偿责任的构成要件，可以准确地把握行政赔偿责任的内涵，更好地区分行政赔偿责任与其他赔偿责任。

8.1.3.1　实施行政侵权的主体特定

民事诉讼中的侵权主体不特定，只要实施了民事侵权行为或存在违约行为，就可以成为民事诉讼中的侵权责任主体。行政赔偿中的侵权责任主体是行政主体，即依法行使行政管理职能的行政机关及法律、法规授权的组织或行政机关委托的组织，侵权主体特定。

不是行政主体的其他国家机关、事业单位或企业法人不属行政侵权主体，其实施的各种侵权行为不属于行政赔偿的范围，受到侵害的公民、法人和其他组织可以依其他法律规定要求这些国家机关、事业单位或企业法人承担民事、刑事责任，而不能要求其承担行政赔偿责任。

一般来说，行政机关中的工作人员都可以成为行政赔偿责任中的行政侵权行为实施主体，但并非所有工作人员都可以成为侵权实施人。行政机关中直接实施行政侵权的工作人员必须是负有行政管理职能的行政公务人员，后勤保障、财务会计等工作人员不属于行政机关的行政公务人员。

8.1.3.2　行政侵权行为具有违法性

行政机关及其工作人员对社会实施行政管理的行为既有合法的，也有违法的，只有违法实施的行政行为才能产生行政赔偿责任。行政行为违法性是行政赔偿的重要前提条件，也是行政赔偿的归责原则。

行政违法，既包括程序上的违法，如行政处罚没有履行告知义务，也包括实体上的违法，如公安局吊销学校的办学许可证；既包括形式上的违法，如被处罚相对人的姓名、出生年月日错误，也包括内容上的违法，如对没有违法行为的人进行处罚；既包括"作为"的违法，如上路设卡乱收费、"钓鱼"执法，也包括"不作为"的违法，如公安机关应当出警而不出警。

合法实施的行政行为有利于维护社会稳定，保护市场交易安全。而违法实施的行政行为不但损害公民、法人或其他组织的合法权利，而且破坏法治，损害行政机关的公信力。

行政行为合法即便造成公民、法人或其他组织的损害，行政主体也不承担行政赔偿责任，部分可以补偿。如为了抗洪抢险，紧急征用车辆、房屋、建材；为了灭火，消防队抽鱼塘中的水致鱼死亡；为了控制严重传染性疾病的进一步扩散，对患者进行暂时性的隔离。

8.1.3.3 行政侵权行为造成实际损失

损害的发生是行政赔偿责任产生的基础条件，行政机关及工作人员实施的违法行政行为只有造成损害的，才引起行政赔偿责任。如果没有损害，即便行政行为违法，也不应承担行政赔偿责任。行政侵权造成的损失必须是已经发生并确实存在，对于某种将来发生与否处于不确定状态的损害，不能请求行政赔偿，行政赔偿只赔直接损害，不赔间接损失。

1. 侵犯人身自由的赔偿

侵犯公民人身自由赔偿中值得注意的几个小问题如下：

（1）关于"上年度"的理解

"上年度"是计算行政赔偿的重要参数，实践中有不同理解。根据《最高人民法院关于人民法院执行〈中华人民共和国国家赔偿法〉几个问题的解释》第6条的规定，"上年度"应为相关行政机关作出赔偿决定时的上年度。目前，这一标准在实践中和理论上都具有通说的地位。

（2）关于职工日平均工资

职工日平均工资的计算方法为：年平工资÷年法定计薪工作日数，或者年平工资÷12个月÷平均月法定计薪工作日数。

（3）赔偿金的计算公式

侵犯人身自由赔偿金额＝自由受侵犯的天数×国家上年度职工日平均工资。

2. 损害身体健康的赔偿

（1）致伤的赔偿

造成身体伤害的，应当支付医疗费、护理费，以及赔偿因误工减少的收入。减少收入每日的赔偿金按照国家上年度职工日平均工资计算，最高额为国家上年度职工年平均工资的 5 倍。

（2）致残的赔偿

对于造成部分或者全部丧失劳动能力的，除应当支付医疗费、护理费外，还应当支付残疾生活辅助具费、康复费等因为残疾而增加的必要支出和后续治疗所必需的费用，以及残疾赔偿金。对于造成全部丧失劳动能力的，对于其应扶养的无劳动能力人，还应当支付生活费。

3. 致人死亡的赔偿计算

根据《国家赔偿法》的规定，造成死亡的，应当支付死亡赔偿金、丧葬费，总额为国家上年度职工年平均工资的 20 倍。对于死者生前扶养的无劳动能力的人，还应当支付生活费。

致人死亡的赔偿金的计算方式为：致人死亡的赔偿金＝国家上年度职工年平均工资×20＋被扶养的无劳动能力人的生活费。

4. 精神损害赔偿

所谓精神损害，即侵权行为导致赔偿请求人心理和感情上遭受创伤，致使赔偿请求人无法正常地进行日常生活的非财产性损害。

［资料链接］

《中华人民共和国国家赔偿法》

第三十五条：有本法第三条或者第十七条规定情形之一，致人精神损害的，应当在侵权行为影响的范围内，为受害人消除影响，恢复名誉，赔礼道歉；造成严重后果的，应当支付相应的精神损害抚慰金。

《最高人民法院关于确定民事侵权精神损害赔偿责任若干问题的解释》

第十条：精神损害的赔偿数额根据以下因素确定：

（一）侵权人的过错程度，法律另有规定的除外；

（二）侵害的手段、场合、行为方式等具体情节；

（三）侵权行为所造成的后果；

（四）侵权人的获利情况；

（五）侵权人承担责任的经济能力；

（六）受诉法院所在地平均生活水平。

法律、行政法规对残疾赔偿金、死亡赔偿金等有明确规定的，适用法律、行政法规的规定。

5. 侵犯财产权的赔偿方式

侵犯财产权的赔偿方式相对比较简单：冻结银行存款的，依法解冻，支付利息损失。罚款及罚息依法返还；对于采取强制措施的财物，解除强制措施，返还原物或恢复原状。

违法吊销许可证和执照、责令停产停业的，赔偿停产停业损失。

8.1.3.4　行为和损害之间有因果关系

行政赔偿除上述基本要件外，还必须具备行政侵权行为与损害事实之间具有因果关系这一先决条件。《国家赔偿法》第2条之规定就是关于行政赔偿因果关系的法律规定。

行政赔偿实践中，对于如何确定因果关系，存在不同观点，其中较有代表性的观点是采用直接因果关系。所谓直接的因果关系，是指行为与结果之间存在着逻辑上的因果关系，即作为原因的行为是导致结果发生的一个较近的原因。

因果关系是事物间引起与被引起、产生与被产生的关系。没有无缘无故的结果，任何结果都有一定的原因，这种原因和结果之间的关系，就是最简单的因果关系。

8.1.4　行政赔偿诉讼与行政诉讼的区别

行政赔偿诉讼是指当公民、法人和其他组织认为自己的合法权益受到行政主体违法侵害时向人民法院提起诉讼，要求给予赔偿，人民法院根据其诉请并参照行政机关的答辩意见，依法对案件进行裁判的活动。行政赔偿诉讼是一种特殊的诉讼方式。行政赔偿诉讼和行政诉讼有许多的共性，但也有许多的区别。

1. 起诉的目的不同

行政诉讼的提起，是原告认为行政机关的具体行政行为侵犯了自己的合法权益，要求确认违法或撤销即可，很多情况下并不要求行政机关赔偿。如房屋征收决定被撤销，意味着政府不能实施国有土地及房屋征收行为，原告的合法权益已经得到保护，无须要求赔偿。但如果房屋基于征收决定已经被强制拆除，则另当别论。而行政赔偿诉讼的目的就是要通过司法程序使自己受到行政侵权行为损害的合法权益尽可能恢复。在单独提起行政赔偿诉讼的情况下，行政行为的违法性已经得到确认，只需解决赔偿问题，这和行政诉讼的目的显然不同。

2. 起诉的前置条件不同

行政诉讼，除法律明确规定复议前置外，原告在起诉前既可选择先复议，也可直接提起行政诉讼，这是原告的权利；在起诉动机上，原告只是主观上"认为行政行为违法"。但于单独提起的行政赔偿诉讼，行政行为已经被确认违法，是一种客观事实。一个是主观想象，一个是客观事实，区别明显。单独提起行政赔偿诉讼以行政赔偿义务机关先行处理为起诉前置条件。

3. 原告的举证责任不同

行政诉讼中由被告就具体行政行为的合法性承担举证责任，原告只需证明具体行政行为客观存在以及和具体行政行为有法律上的利害关系即可。而行政赔偿诉讼中，原告应对自己的主张承担举证责任，被告有权提供不予赔偿或者减少赔偿方面的证据。

4. 责任人担责方式不同

法院在审理行政诉讼案件时，认为直接责任人员违反政纪的，应当移送该行政机关或者其上一级行政机关或者监察、人事机关；认为有犯罪行为的，应当将有关材料移送公安、检察机关。而国家赔偿程序中，赔偿义务机关应当责令有故意或重大过失的工作人员承担部分或全部赔偿费用，有关机关应当依法给予行政处分；构成犯罪的，应当依法追究刑事责任。可见，行政诉讼中责任人承担的一般是行政、刑事责任，而行政赔偿诉讼中除此之外，还要承担赔偿责任。

5. 结案方式有所不同

为避免行政权力滥用或随意放弃行政权力，也为了保护行政相对人的合法权益不受损害，《行政诉讼法》明确规定，人民法院审理行政案件，不适用调解。既然不适用调解，也就不能出具行政调解书，而应当以行政判决或裁定的方式结案。但根据《行政赔偿诉讼司法解释》第 30 条的规定，行政赔偿在自愿的原则下，可以调解。可见，行政诉讼对调解采取了否定态度，而行政赔偿诉讼就赔偿问题可以通过调解的方式结案。

行政赔偿诉讼的结案方式有 3 种：

（1）法院调解

人民法院在审理行政赔偿诉讼案件时，在坚持合法、自愿的前提下，可以就赔偿范围、赔偿方式和赔偿数额进行调解。调解成立的，应当制作行政赔偿调解书。以调解的方式结案，可以减少诉累，便于执行，节约司法资源。这和建设和谐社会的要求大方向是一致的，应当鼓励。

（2）案外和解

被告在一审判决前同原告达成赔偿协议，原告申请撤诉的，人民法院予以审查后裁定是否准许。虽然是以原告撤诉的方式结案，但案件得到了和平解决，减少了作为被告的行政机关和作为原告的行政相对人的对抗。只要案外和解及撤诉不损害国家、集体及第三人的合法利益，法院应当准许撤诉。

（3）行政赔偿判决

原告赔偿请求有事实依据并符合法律规定的，人民法院应当判决被告行政机关依法给予行政赔偿。被告的具体行政行为违法但尚未对原告的合法权益造成损害的，或者原告的请求没有事实根据或法律根据的，人民法院应当判决驳回原告的赔偿请求。人民法院对于赔偿请求人未经确认程序而直接提起行政赔偿诉讼的案件，在判决时应当对赔偿义务机关的致害行为是否违法予以确认。

[资料链接]

《中华人民共和国行政诉讼法》

第五十条：人民法院审理行政案件，不适用调解。

《最高人民法院关于审理行政赔偿案件若干问题的规定》

第三十一条：人民法院审理行政赔偿案件在坚持合法、自愿的前提下，可以就赔偿范围、赔偿方式和赔偿数额进行调解。调解成立的，制作行政赔偿调解书。

6. 是否收取诉讼费有所不同

行政赔偿诉讼中，法院不能收取当事人的诉讼费用；行政赔偿义务机关在处理行政赔偿案件时，也不得向赔偿请求人收取任何费用。普通的行政诉讼案件每起需要交纳 50 元诉讼费，商标、专利、海事这些特殊的行政诉讼案件每起要交纳 100 元诉讼费。

7. 适用的法律不尽相同

行政诉讼严格适用《行政诉讼法》，该法是法院处理行政诉讼案件的重要程序性法律依据。而行政赔偿诉讼作为一种特殊的诉讼方式，要保证案件审理的公正、客观和程序正义，不但要以《行政诉讼法》的一般规定作为审理案件的依据，还要重点以《国家赔偿法》的特别规定及《行政赔偿诉讼司法解释》作为判案依据。

8.1.5 行政赔偿诉讼与民事诉讼的区别

1. 被告不一样

在行政赔偿诉讼中，被告只能是行政主体，即被告恒定，这是由行政赔偿诉讼的特点所决定的。而民事诉讼中，被告不特定，任何国家机关、企事业单位、公民个人、其他组织都可能成为被告。如法院、检察院、公安局、人大等单位拖欠工程款不还，债权人可以依法提起民事诉讼。

2. 引起的原因不同

行政赔偿诉讼是基于行政机关及工作人员在代表国家行使行政管理职权时因违法给公民、法人或其他组织造成损害而引起，是公权力对私权利的侵害。虽然由行政机关赔偿，但是一种国家责任，形成的是国家行政管理法律关系。

而民事诉讼是平等民事主体之间因合同违约、侵权、不当得利、无因管理等事由而产生的，是一种平等主体之间的民事责任。原告向法院起诉，体现的是一种私权利的救济。

3. 责任范围不同

根据民法原理，承担民事责任的主要方式有停止侵害、排除妨碍、返还财产、恢复原状、修理、重作、更换、赔偿损失、支付违约金、消除影响、恢复名誉、赔礼道歉等，这些责任方式，既可单独适用，也可合并适用。而行政机关承担行政赔偿责任的主要方式是支付赔偿金；其次，能够返还财产或者恢复原状的，予以返还财产或者恢复原状，如果造成名誉损害，还应当消除影响，恢复名誉，赔礼道歉。可见，民事诉讼和行政赔偿诉讼在承担责任方式方面，前者的范围要宽广得多。

4. 适用的法律不同

行政赔偿诉讼是通过法院诉讼的方式实现被公权力损害的合法利益。行政机关承担的是公法上的法律责任，审理行政赔偿诉讼案件适用的是《行政诉讼法》、《国家赔偿法》等公法法律规范。而民事诉讼作为一种私法救济方式，要求对方承担违约、侵权等责任所适用的是《合同法》、《民事诉讼法》、《民法通则》、《侵权责任法》等私法法律规范，是私法上的法律责任。

5. 两者的归责原则不同

行政赔偿诉讼中，确定行政机关承担赔偿责任的重要依据是行政行为的违法性，如果行政行为合法，也就无所谓赔偿的问题。可见，行政赔偿诉讼中的赔偿归责原则是违法原则。而民事诉讼中确定赔偿责任的主要依据是行为人的过错，同时，在特定情况下行为人无过错也应承担赔偿责任。

8.1.6　行政赔偿和刑事赔偿的异同

行政赔偿和刑事赔偿都是基于违法行为给公民、法人或其他组织造成损害，依法由国家承担赔偿责任的一种方式。行政赔偿和刑事赔偿都属于国家赔偿，只不过承担赔偿责任的主体不同：一个是行政机关，一个是行使侦查、检察、审判职权的机关以及看守所、监狱管理机关。

8.1.6.1　行政赔偿和刑事赔偿的相同点

1. 赔偿范围都包括人身权和财产权

关于刑事赔偿的人身权和财产权赔偿范围，《国家赔偿法》第 17 条、第 18 条作了明确规定，而关于行政赔偿的人身权和财产权赔偿范围，《国家赔偿法》第 3 条、第 4 条也有规定。

2. 两种赔偿都是最终由国家"买单"

根据法律规定，赔偿费用列入各级财政预算。赔偿请求人凭生效的判决书、复议决定书、赔偿决定书或者调解书，向赔偿义务机关申请支付赔偿金。赔偿义务机关应当自收到支付赔偿金申请之日起 7 日内，依照预算管理权限向有关的财政部门提出支付申请。财政部门应当自收到支付申请之日起 15 日内支付赔偿金。所以，无论是行政赔偿还是刑事赔偿，名义上承担赔偿责任的单位是实施违法行为的国家机关，但最终费用都是由各级财政机关拨付，即国家"买单"。

3. 两种赔偿都基于行为违法

如前所述，行政赔偿诉讼中给予行政赔偿的前提条件是行政机关行政行为的违法性，无违法行为，就不存在行政赔偿问题。司法机关进行刑事赔偿的前提条件也是在侦查、检察、审判或监管中存在违法行为。合法的刑事司法行为，即便造成公民、法人或其他组织的人身或财产损害，也不应给予刑事赔偿。

8.1.6.2 行政和刑事赔偿的区别

1. 赔偿责任主体不同

行政赔偿的责任主体是行政主体，主要是行政机关及法律、法规授权的组织。而刑事赔偿的主体较宽广，凡行使刑事司法职能的机关都可以成为刑事赔偿的主体，根据法律规定，这些机关包括人民检察院、人民法院、公安机关、军队保卫部门、国家安全机关以及行使监管职责的监狱等。

需要注意的是，公安机关具有"刑事侦查"和"治安行政管理"的双重职能，既可以成为行政赔偿的责任主体，也可以成为刑事赔偿的责任主体。

2. 赔偿程序不同

行政赔偿既可以单独向侵权行政机关提出，也可以向行政复议机关提出，更可以一并向法院提出；在行政侵权行为被确认违法的情况下，只能单独向法院提起行政赔偿诉讼。而刑事赔偿中，应先向有义务赔偿的司法机关提出。除赔偿义务主体为法院外，还需经过一个复议程序。

3. 刑事赔偿范围限定更严格

根据《国家赔偿法》的规定，在行政赔偿中，无论是第 3 条的人身权规定还是第 4 条的财产权规定，都采用的是列举式，最后都分别有"造成公民身体伤害或者死亡的其他违法行为"和"造成财产损害的其他违法行为"的"兜底"条款。而刑事赔偿中，最后都没有"兜底"条款。可见，行政赔偿和刑事赔偿中，虽然都包含人身权和财产权的两个赔偿类别，但刑事赔偿中因为没有"兜底"条款，实际上对赔偿范围有着更严格的限定。

4. 赔偿范围和免赔理由不同

虽然行政赔偿和刑事赔偿都涉及人身权和财产权两个方面，但有许多不同点。《国家赔偿法》第 3 条所规定的行政赔偿中的人身权范围及第 4 条所规定的财产权范围与第 17 条所规定的刑事赔偿中的人身权范围及第 18 条所规定的财产权范围有很大的差异。在免赔问题上，两者也不尽相同：《国家赔偿法》第 19 条规定了 6 类不予刑事赔偿的情形，而关于行政赔偿的免赔事由，《国家赔偿法》第 5 条只规定了 3 种。

■ 8.2 接受委托

8.2.1 咨询谈话笔录的制作

向律师提出咨询的客户可能是朋友、熟人所介绍，也可能是直接到律师事务所咨询的人员。通过咨询阶段的工作，使当事人增加对律师的信赖，显得尤为重要。

[参考案例]

A 厂是一家族式的印刷企业。××××年×月××日，某高速铁路项目建设需要征用 A 厂 2 840.48 亩土地及土地上的附属物。因为补偿价格过低，无法达成拆迁安置补偿协议，开发区管委会将该厂附属物全部强制拆除，未来得及转运的设备、库存原材料、成品被毁损。因为损失较大，又涉及国家重点工程项目，为了慎重起见，A 厂咨询了多家律师事务所，暂时无法确定由哪一家律师事务所来承办这起法律业务。

作为这个案件的接待律师，为了尽量熟悉案件并找到解决问题的办法和方案，理顺法律关系，制作一份咨询谈话笔录必不可少。在制作咨询谈话笔录时，除本书第二章所述注意事项外，还应当特别注意以下要点：（1）行政执法主体是否有相应的权限；（2）行政执法程序是否合法；（3）造成的损失大小及证据；（4）判断行政赔偿维权路径的相关资料或信息。

下面是根据上述案例制作出的一份咨询谈话笔录范本。

[示范文本]

咨询谈话笔录

时间：××××年×月××日

地点：北京市××律师事务所办公室

咨询人：陈某，A 厂厂长。

接待律师：北京市××律师事务所×××律师

记录人：北京市××律师事务所×××实习律师

咨询内容：房屋强制拆除行政赔偿诉讼

问：您今天到律师事务所来找律师咨询什么法律问题？

答：我是 A 厂法定代表人，主营印刷业，高铁建设需要拆迁，因为补偿条件不公平，一直没有达成协议。今年 1 月份，开发区管委会等多个单位将整个厂房强制拆除。想咨询一下：怎样维权及解决问题的路径？

问：作为律师，我们需要向你了解几个问题：（1）强制拆除 A 厂的实施机关是谁以及有无证据？（2）房屋和土地是否有权属证书？（3）损失物品的种类及价值是否有证据？（4）在册员工有多少？（5）A 厂强拆前 12 个月的平均利润？

答：（1）是某开发区管委会组织的，当时有城管、公安、土地、规划等政府部门参加，无直接证据证实是区管委会组织强拆的；（2）有房产证和土地使用证，部分无证；（3）物品损失暂无证据，财务凭证不完整；（4）在册员工人数比较清楚，都办理了社保；（5）前 12 个月平均利润知道，但会计资料不完整。

问：强拆的具体时间？有无强拆现场图片？A 厂的业务类别？

答：××××年×月××日上午 9 时开始强拆，下午 2 时全部拆完，当时做了一个视频，A 厂属文化行业。

问：找过开发区管委会吗？

答：找过，工作人员听说是房屋强拆问题，就没人接待。

问：强拆前有无向你送达相关法律文书？

答：没有。

问：是否就此案咨询过本所其他律师？

答：没有。

问（A厂厂长）：维权的路径？前期需要多少律师费？能否实行风险代理？

答（律师）：根据法律规定，A厂在没有收到任何法律文书的情况下，这些政府机关将房屋强制拆除，是违法的。A厂可以一并提起行政赔偿诉讼，要求确认强拆行为违法，并恢复房屋原状或同地段土地、厂房置换，对造成的物品损失可以要求赔偿，但应提交物品所受损失的必要证据。在不能确定强拆行为的组织者是谁的情况下，可以根据视频中拆迁现场的车辆归属、工作人员制服等信息将参与的单位一并起诉。需律师费5万元。行政赔偿诉讼不能实行风险代理。

问：上述解答是否清楚？你的意见？

答：我清楚了，如不清楚，我再电话咨询你，关于委托的事，回去商量以后再确定。

问：以上记录是否和谈话相一致，如一致，请签名，对刚才了解的内容，无论以后是否和本所建立委托关系，本所会严格保密，请不要有后顾之忧。

答：好的，经核对，上述记录和我的表述一致。

接待律师签名：

咨询人签名：

记录人签名：

____年____月____日

8.2.2　案件论证及投标书

如遇重大的行政赔偿诉讼，当事人可能会咨询多个律师事务所，也可能直接发布案件办理招标信息，希望能找到专业的律师，律师也可以通过提交书面竞聘文件的形式向客户分析案件。

根据上述案例，制作出一份案件论证及投标书样本。

[示范文本]

关于 A 厂房屋强拆行政赔偿诉讼的

案件论证及投标书

A厂：

感谢贵厂对北京市××律师事务所的信任！接到贵厂的案件招标书后，本所高度重视，结合前期接触所了解到的案情和贵厂近期提供的文字资料，本所对贵厂的案件招标，作如下投标意见：

一、本所概况及优势

北京市××律师事务所（以下简称"本所"）是 1994 年经北京市司法局批准成立的专业化合伙制律师服务机构，2011 年被评为"全国公众满意十佳律师服务机构"和"AAA 信用等级律师事务所"称号。

本所始终坚持走专业化的发展之路，以行政诉讼为本所特色业务，是国内为数不多的行政诉讼专业化律师事务所之一。本所全年办理行政诉讼案件×××件，位居国内前列。其中，去年本所办结行政赔偿诉讼案件×××件，胜诉率达到××％，受到当事人的普遍好评，取得了良好的社会效益。

本所在处理房屋拆迁案件法律事务方面，有专门的团队，经验丰富。

基于以上几点，贵厂拟委托承办的法律业务正属于本所的专业化服务范围。本所承办该法律业务，具有明显的特色优势。

如本所中标，拟将由本所主任律师×××亲自承办该案，切实保证办案质量。

二、案情及法律分析

1. 简要案情：

A 厂于 1995 年成立，1998 年通过招商引资取得土地使用权，经批准建设标准厂房 3 栋，面积××××平方米。××××年×月颁发《房屋拆迁许可证》，同年 6 月该证被张贴于 A 厂外墙上，A 厂大部分土地及房屋处于拆迁范围。因安置补偿问题无法达成协议，由开发区管委会、公安、城管、规划等部门 120 人进行联合执法，于××××年×月×× 日将 A 厂所在土地上的房屋及附属物全部强制拆除，物品、设备全部被毁。

2. 法律分析：

(1) 根据最高人民法院有关司法解释的规定，被告为县级以上人民政府的案件由中级人民法院一审，开发区管委会的职责相当于县级以上人民政府，所以，本案可考虑向市中级人民法院起诉。

(2) 强拆房屋没有履行法律手续，属违法行为，法院应当确认强拆行为违法，对这一判决结果足可预见。

(3) 为了节约时间成本，本案以一并提起行政赔偿诉讼为最佳，在诉请确认强拆行为违法的同时提出行政赔偿请求。

(4) 因为房屋已经灭失，恢复原状不太可能，对房屋和土地可以要求同地段同面积置换，或按原状况在同等地段重建。

(5) 停业损失和安置补助费有具体规定，数额也有具体标准，该项请求完全能得到支持，不会有大的争议。

(6) 行政赔偿诉讼适用的是"谁主张，谁举证"，物品损失因会计凭证不全存在索赔上的风险，应当尽量完善相应证据。

3. 诉讼策略：

(1) 用证人证言及视频资料等初步确定行政侵权主体，或申请政府信息公开，要求公开视频中的公务车辆当天的用途，帮助确认适格被告。

（2）将开发区管委会、公安局、城管局、规划局一并列为被告，让它们在各自推卸责任中确定适格被告。

（3）对物品及设备损失可要求被告出示经证据保全的公证书及视频资料，否则，按举证规则，推定 A 厂的物品及设备损失成立。

（4）到中级人民法院立案，并说明此案不宜下放到开发区人民法院审判，力争在中级人民法院一审，如果确需下放管辖权，要求异地同级审判，避免行政干预。

三、收费标准

贵厂《案件招标书》中所称"实行风险代理，按代理效果收费"违反了《律师服务收费管理办法》中"行政诉讼及行政赔偿案件不能实行风险代理"的规定，建议予以调整。我们的收费标准为一审 5 万元，如代理二审，适当减收。

以上是本所的案件论证及投标意见，供贵厂考虑。

此致

北京市××律师事务所

＿＿年＿＿月＿＿日

8.2.3　判断委托事项能否代理

如前所述，在接受行政赔偿诉讼案件委托前，应当根据咨询谈话笔录，对案件是否能够接受委托进行初步判断。

首先，应确定本所其他律师是否在办理此案，包括代理原告、被告或第三人。如有，应当根据律师利益冲突回避规则，回避此案的代理，向委托人讲明规定，取得委托人的谅解，以免同所其他律师因代理此案使委托人产生反感情绪。

其次，委托人不具备法定条件的不应代理。委托人符合法定条件，是委托代理合同成立的基础，如果委托人是限制民事行为能力人、无民事行为能力人或委托资格受限的单位，不应当接受委托。因为这类委托人不具备行政赔偿诉讼原告主体资格，如接受委托，律师的工作无从开展。

最后，对于一并提起的行政赔偿诉讼，哪些案件不能代理，本书前面章节已有介绍，不赘述。对单独提出行政赔偿的案件受理条件，《行政赔偿诉讼司法解释》第 21 条列举了 7 种，其中 5 种情形和行政诉讼相同，但有两种特色规定：第一，加害行为为具体行政行为的，该行为已被确认为违法；第二，赔偿义务机关已先行处理或超过法定期限不予处理。对于这两种情形的行政赔偿诉讼案件，应当如实告知，让委托人先通过复议、诉讼或其他方法对加害行政行为进行违法定性。对于还处于先行处理过程之中，尚未届满法定期限的，告知在法定期限届满后再委托。

[资料链接]

《最高人民法院关于审理行政赔偿案件若干问题的规定》

第二十一条：赔偿请求人单独提起行政赔偿诉讼，应当符合下列条件：

（1）原告具有请求资格；

（2）有明确的被告；

（3）有具体的赔偿请求和受损害的事实根据；

（4）加害行为为具体行政行为的，该行为已被确认为违法；

（5）赔偿义务机关已先行处理或超过法定期限不予处理；

（6）属于人民法院行政赔偿诉讼的受案范围和受诉人民法院管辖；

（7）符合法律规定的起诉期限。

8.2.4　委托代理合同的签订

律师在和当事人办理委托代理手续时，实际上要签署委托代理合同和授权委托书两份法律文书。在前面的章节，本书已经就行政诉讼中的这两个法律文书进行了详细的论述，并有现成的格式和范本可供参考，不赘述。

但行政赔偿诉讼和行政诉讼毕竟有所不同，照搬行政诉讼的委托代理合同和授权委托书欠妥当。在签署这些法律文书时，既要考虑到律师事务所的合理收益问题，也要考虑到问题的最终解决，不额外增加当事人的诉累。

如果要尽快解决赔偿问题，建议签订一并提起行政赔偿诉讼的委托代理合同。要切记，行政诉讼和行政赔偿诉讼不能实行风险代理。如果要运用诉讼"以打求和"向行政机关施压，或为了拖延时间，使问题得到妥善解决，那建议先复议，再诉讼，先解决具体行政行为违法的问题，再单独提起行政赔偿诉讼。

在确认行政行为违法的复议或诉讼中，理性的行政机关一般会愿意和原告协商，促使问题解决。这时，原告可以通过撤诉终结案件。因为很多案件牵扯面广，涉及的当事人多，行政机关往往担心影响全局或"挖出萝卜带出泥"。

在确认行政行为违法的委托代理合同和授权委托书中，可以约定具体的委托权限，但不能约定"调解"权限，理由前文已述。

8.2.5　接受委托后的前期工作

1. 审查起诉是否符合受案条件

法院对原告单独提起行政赔偿诉讼的受理条件与民事、行政诉讼稍有不同，律师在起诉前应当进行审查。如前所述，依据《行政赔偿诉讼司法解释》第 21 条的规定，法院不仅审查原、被告资格问题，还要审查行政机关是否先行处理或不予处理以及行政行为是否已经被确认违法，更要审查是否超过起诉期限。

2. 确定最有利的管辖法院

如前所述，作为原告方代理律师，应当根据法律和司法解释的规定确定对自己最方便、裁判结果预期变数最小的法院。如公民对行政机关采取的限制人身自由的行政强制措施不服而起诉的，可以原告所在地确定案件的管辖。如 A 市工商局对 B 市人民的王某的房产查封，王某可以向房产所在地的 B 市人民法院起诉。

3. 准备充足的证据

在行政赔偿诉讼中，原、被告双方就自己的主张有责任提供证据，这和行政诉讼中单纯由被告负举证责任有所不同。但是行政机关采取行政拘留或者限制人身自由的强制措施期间，被限制人身自由的人死亡或者丧失行为能力的，对于行政机关的行为与被限制人身自由的人的死亡或者丧失行为能力之间是否存在因果关系，赔偿义务机关应当提供证据。这种特殊案件在举证上的倒置，是为了更好地保护被限制人身自由的公民，防止行政权力滥用，避免人被羁押而无法举证的困难。

可见，作为原告的代理律师，应当就赔偿的范围和赔偿数额承担举证责任。被告反驳原告的主张，提出少赔或不赔意见时，应当承担举证责任。

[资料链接]

《最高人民法院关于审理行政赔偿案件若干问题的规定》

第三十二条：原告在行政赔偿诉讼中对自己的主张承担举证责任。被告有权提供不予赔偿或者减少赔偿数额方面的证据。

《中华人民共和国国家赔偿法》

第十五条：人民法院审理行政赔偿案件，赔偿请求人和赔偿义务机关对自己提出的主张，应当提供证据。

赔偿义务机关采取行政拘留或者限制人身自由的强制措施期间，被限制人身自由的人死亡或者丧失行为能力的，赔偿义务机关的行为与被限制人身自由的人的死亡或者丧失行为能力是否存在因果关系，赔偿义务机关应当提供证据。

《最高人民法院关于执行〈中华人民共和国行政诉讼法〉若干问题的解释》

第二十七条：原告对下列事项承担举证责任：

（一）证明起诉符合法定条件，但被告认为原告起诉超过起诉期限的除外；

（二）在起诉被告不作为的案件中，证明其提出申请的事实；

（三）在一并提起的行政赔偿诉讼中，证明因受被诉行为侵害而造成损失的事实；

（四）其他应当由原告承担举证责任的事项。

■ 8.3 律师代理一并提起的行政赔偿诉讼

根据法律规定，凡属《国家赔偿法》规定的行政机关应当给予赔偿的行政违法案件，受害人均可在提起行政诉讼时一并提出行政赔偿请求。一并提起行政赔偿诉讼可以节约时间成本，便于行政行为违法的确认和行政赔偿问题一次性得到解决。通常法院会同时审理，分开判决，确认行政行为违法或撤销使用行政判决，而解决行政赔偿问题则使用行政赔偿判决。

8.3.1　选择法院和管辖异议

原告方的代理律师，应当根据并充分运用《行政诉讼法》及《行政赔偿诉讼司法解释》对级别管辖、选择管辖、共同管辖、指定管辖的规定，来选择对自己最方便、裁判结果预期变数最小的法院。

如公安机关打着刑事侦查的名义将王某羁押，并扣押其房产，这时，王某可以选择向自己户籍所在地、经常居住地、被告所在地、房产所在地的法院起诉。

[资料链接]

《最高人民法院关于执行〈中华人民共和国行政诉讼法〉若干问题的规定》

第十条：当事人提出管辖异议，应当在接到人民法院应诉通知之日起 10 日内以书面形式提出。

对当事人提出的管辖异议，人民法院应当进行审查。异议成立的，裁定将案件移送有管辖权的人民法院；异议不成立的，裁定驳回。

[参考案例]

A 县公安局对户籍在本辖区但在 B 市工作不满 1 年的孙某强制戒毒 6 个月，孙某向工作所在地的 B 市法院起诉，要求撤销行政处罚。因为孙某在 B 市工作不足 1 年，B 市不能视为其经常居住地。这时，律师应及早建议原告向有管辖权法院起诉，避免公安局提出将案件移送 A 县审理的管辖异议，延误诉讼时间。

8.3.2　律师对适格原告的判断

1. 自然人原告的判断

行政诉讼原告是指人身权、财产权受到行政机关及其工作人员的侵害而向法院提出起诉的公民、法人或其他组织。根据《行政诉讼法》第 2 条及《行诉解释》第 12 条的规定，作为适格原告，必须具备实质性条件，即与行政行为有法律上的利害关系。通常情况下，是指受到具体行政行为侵害的行政相对人。

[资料链接]

《中华人民共和国行政诉讼法》

第二条：公民、法人或者其他组织认为行政机关和行政机关工作人员的具体行政行为侵犯其合法权益，有权依照本法向人民法院提起诉讼。

《最高人民法院关于执行〈中华人民共和国行政诉讼法〉若干问题的解释》

第十二条：与具体行政行为有法律上利害关系的公民、法人或者其他组织对该行为不服的，可以依法提起行政诉讼。

受害公民死亡的，其法定继承人和其他有扶养关系的亲属取得原告资格。法定继承人行使赔偿请求权受继承顺序的限制，前一顺序的继承人不行使请求权的，后一顺序的人就不能逾越行使请求权。

2. 单位原告的判断

根据《国家赔偿法》第6条和《行政赔偿诉讼司法解释》第16条的规定，行政赔偿诉讼中的原告有以下几种：（1）实际受到侵害的法人或其他组织为原告；（2）受侵害的法人或其他组织终止或变更的，承受其权利和义务的法人或者其他组织为原告；（3）行政机关强行作出撤销、变更、兼并、注销决定的，原法人、其他组织或享有其权利的法人、其他组织为原告。

[资料链接]

《中华人民共和国国家赔偿法》

第六条（第三款）：受害的法人或者其他组织终止的，其权利承受人有权要求赔偿。

《最高人民法院关于审理行政赔偿案件若干问题的规定》

第十六条：企业法人或者其他组织被行政机关撤销、变更、兼并、注销，认为经营自主权受到侵害，依法提起行政赔偿诉讼，原企业法人或其他组织，或者对其享有权利的法人或其他组织均具有原告资格。

8.3.3 被告的确定

1. 一般情况

行政赔偿诉讼中，确定被告相对简单，实施行政侵权的机关一般就是被告。

2. 共同侵权

《行政赔偿诉讼司法解释》第17条规定：两个以上行政机关共同侵权，赔偿请求人对其中一个或者数个侵权机关提起行政赔偿诉讼，若诉讼请求系可分之诉，被诉的一个或者数个侵权机关为被告；若诉讼请求系不可分之诉，由人民法院依法追加其他侵权机关为共同被告。这是行政机关共同侵权的被告确定原则，可分的单独诉，不可分的共同诉。

[参考案例]

如工商局和交警大队在对某厂联合执法过程中，工商局扣货物，交警大队扣车。后确认某厂没有违法行为，这时某厂应当分别起诉工商局和交警大队。如果工商局和交警大队同时将货物扣押，应当将工商局和交警大队列为共同被告，如果只列工商局为被告，法院应当依法追加交警大队为共同被告。

在实践中，共同行政侵权一般表现为联合执法、联合署名、共同盖章等方式。作为代理律师，遇见这种情况，应当仔细审查判断。如果联合执法是混在一起，无法区分的，应当将所有参加联合执法的行政机关列为共同被告。

如前文提到的强拆拆除 A 厂的案例，律师将开发区管委会、公安局、城管局、规划局一并列为被告，其中被告公安局、城管局、规划局都自称是按开发区管委会的要求到现场的，只是维持秩序，没有实施强拆行为，强拆组织者是开发区管委会。法院根据这些答辩意见，最终确定开发区管委会为侵权主体。

在共同侵权中，将所有参与行政执法的行政机关列为共同被告，可使原告的合法权益得到有效、全面的保护，不至于因被告错误或遗漏关键被告而导致败诉的风险。共同被告一般出于自保的考虑，会互相推卸责任，往往正是在这种互相抗辩中，使真正的"罪魁祸首"浮出水面。

在行政赔偿诉讼案件中，一般不存在被告没有赔偿能力的问题，无论是哪个行政机关承担赔偿责任，都是申请财政拨付赔偿款，但金钱赔付之外的赔偿方式另当别论。

有时，不做周密策划，将共同侵权的所有行政机关一并诉至法院，在特定情况下，并非万全之策。如果能区分诉讼，或择一关键行政机关作为被告，更能解决实际问题。如煤监局决定将某煤矿查封，邀请公安局一同前往。这个案件可以将公安局、煤监局列为共同被告，但起诉公安局意义不大，直接起诉煤监局更能解决实际问题。

3. 授权组织或受托组织

法律、法规授权的组织在行使授予的行政权力时侵犯公民、法人和其他组织合法权益造成损害的，被授权的组织为被告。在实际生活中，经依法批准成立的高校、电信企业、邮政企业、铁路运输企业等都根据法律、法规的授权行使一定的行政职权，属于法律、法规授权的组织。

受行政机关委托的组织或者个人在行使受委托的行政权力时侵犯公民、法人和其他组织的合法权益造成损害的，委托的行政机关为被告。如某林场受林业局的委托对合法伐木的沈某作出行政处罚，扣押所伐树木，这时应对林业局提起行政赔偿诉讼。

4. 复议机关加重损害

根据《国家赔偿法》第 8 条的规定，经过行政复议的案件，以原侵权行政机关为赔偿义务机关；如果行政复议机关作出的行政复议决定对赔偿请求人的损害有加重的，行政复议机关就加重部分承担赔偿责任，未加重部分由最初作出侵权行政行为的机关承担赔偿责任。

[参考案例]

县公安局对王某给予行政拘留 10 日的行政处罚，王某不服，向市公安局申请行政复议。市公安局认为处罚过轻，在认定事实不变的情况下，将 10 日的行政拘留改为 15 日。王某起诉到法院，法院终审撤销行政处罚决定。这时，王某应就错误的 10 日行政拘留处罚对县公安局提起行政赔偿诉讼，就市公安局加重的 5 日行政拘留处罚对市公安局提起行政赔偿诉讼。

[资料链接]

《中华人民共和国国家赔偿法》

第八条：经复议机关复议的，最初造成侵权行为的行政机关为赔偿义务机关，但复议机关的复议决定加重损害的，复议机关对加重的部分履行赔偿义务。

8.3.4 第三人的确定

行政赔偿诉讼第三人，是指与人民法院审理的行政赔偿诉讼案件有法律上的利害关系，为了维护自己的合法权益主动参加到已经进行的行政赔偿诉讼程序，或经当事人申请而由人民法院通知参加到行政赔偿诉讼程序中来的公民、法人或者其他组织。《行政赔偿诉讼司法解释》第14条规定：与行政赔偿案件处理结果有法律上的利害关系的其他公民、法人或者其他组织有权作为第三人参加行政赔偿诉讼。

在一些行政赔偿诉讼案件中，第三人的存在显而易见，在提起行政赔偿诉讼时，可直接将其列为第三人。如规划局违法向某开发商颁发规划许可证，但建成的商品房对王某的房屋采光造成极大影响，使王某房屋的价值降低。如果王某起诉规划局赔偿，应当将开发商列为第三人，因为开发商为了给规划局减压，会主动承担赔偿责任，能够较快协调解决。

在起诉时漏列第三人，也可申请法院追加。如果第三人主动申请加入或法院依职权追加的，作为原告代理律师应当学会应对。和民事诉讼中的第三人不完全一样，行政赔偿诉讼的第三人地位大多类似于被告，如省国土资源厅违法给某煤矿颁发采矿许可证，对某林场造成损害。某林场如提起行政赔偿诉讼，某煤矿毫无疑问是第三人，某煤矿一定会和省国土资源厅共同抗辩。

又如某县公安局以王某、程某两人共同殴打他人为由给予10日的行政拘留，最后经查证，共同殴打他人的事实不存在。王某于是对公安局提起行政赔偿诉讼，而程某没有共同起诉。这时，法院应当通知程某作为第三人参加诉讼，因为案件的处理结果与其具有法律上的利害关系。

8.3.5 起诉与受理

8.3.5.1 律师对起诉技巧上的把握

行政案件的原告可以在提起行政诉讼后至人民法院一审庭审结束前，提出行政赔偿请求。可见，只要是在一审结束前，都可以提出行政赔偿请求。

一并提起的行政赔偿诉讼程序比较简单，案件管辖、起诉条件、起诉期限、被告确定等都可以按《行政诉讼法》及司法解释的规定执行。这些问题，在前面章节已经有大量介绍，不赘述。这里只重点介绍管辖选择上的技巧，以摆脱行政赔偿诉讼案件中的地方保护。

行政诉讼案件，90% 以上在被告住所地法院起诉，而行政机关和法院的天然关系，决定了案件审理可能会受到人为因素的影响。所以，应善于运用法律及司法解释的规定，提高审级，特别是运用《最高人民法院关于行政案件管辖若干问题的规定》第 2 条的规定。

[资料链接]

《最高人民法院关于审理行政赔偿案件若干问题的规定》

第二十三条（第二款）：行政案件的原告可以在提起行政诉讼后至人民法院一审庭审结束前，提出行政赔偿请求。

《最高人民法院关于行政案件管辖若干问题的规定》

第二条：当事人以案件重大复杂为由或者认为有管辖权的基层人民法院不宜行使管辖权，直接向中级人民法院起诉，中级人民法院应当根据不同情况在 7 日内分别作出以下处理：

（一）指定本辖区其他基层人民法院管辖；

（二）决定自己审理；

（三）书面告知当事人向有管辖权的基层人民法院起诉。

[示范文本]

范本 1：　　　　　　　　　　**申请书**

____中级人民法院：

申请人____诉____县国土资源局行政赔偿诉讼一案。起诉人认为，本案的管辖权虽是____县人民法院，但：（1）县人民法院有多位人民陪审员曾就职县国土资源局；（2）县人民法院办公楼和家属住宅楼正好在筹建中，需向县国土资源局申请建设用地。基于以上特定情况，县人民法院不适宜审理本案。

特依《最高人民法院关于行政案件管辖若干问题的规定》第二条的规定申请贵院自己或指定异地基层人民法院审理本案。

特此申请！

　　　　　　　　　　　　　　　　　　　　　　申请人：____

　　　　　　　　　　　　　　　　　　　　____年____月____日

范本 2：　　　　　　　　　　**____中级人民法院**

　　　　　　　　　　　　　　　　行政裁定书

（____）____行辖字第____号

____诉____国土资源局行政赔偿诉讼一案，起诉人认为，____县人民法院不适宜审理本案。____

本院经审查认为：____。

依照《最高人民法院关于行政案件管辖若干问题的规定》第二条第（一）项规定，裁定如下：

本案由＿＿人民法院管辖。

＿＿人民法院（印）

＿＿年＿＿月＿＿日

范本3：　　　　　　　　　　＿＿中级人民法院

通知书

（＿＿）＿＿行辖字第＿＿号

＿＿ : ＿＿

你诉＿＿国土资源局行政赔偿诉讼一案，于＿＿年＿＿月＿＿日向本院起诉。

本院经审查认为，本案由有管辖权的＿＿县人民法院审理并无不当。你可以依法向＿＿县人民法院提起诉讼。

特此通知。

＿＿人民法院（印）

＿＿年＿＿月＿＿日

8.3.5.2　需特别注意的问题

（1）一并提起行政赔偿诉讼时，在起诉期限的计算上应严格按照《行政诉讼法》及司法解释的规定。《国家赔偿法》第39条规定的2年期限只适用于单独就行政侵权提出赔偿请求的案件，千万不要因误解而错过起诉期限。

（2）根据《行政赔偿诉讼司法解释》第28条的规定，当事人在提起行政诉讼的同时一并提出行政赔偿请求，或者因具体行政行为和与行使行政职权有关的其他行为侵权造成损害一并提出行政赔偿请求的，人民法院应当分别立案，根据具体情况可以合并审理，也可以单独审理。

8.3.5.3　律师处理立案难的技巧

《行政诉讼法》的颁布，宣布了"政府不会犯错"的"神话"成为历史，但行政诉讼仍被喻为"拿鸡蛋碰石头"。司法实践中，行政诉讼的推进，存在许多的障碍，尤其是立案难问题。下面介绍一些技巧，有助破解立案难。

1. 先复议后诉讼

法院拒绝立案或拒收立案材料时，作为原告代理律师，改变策略，可绕道向上级机关提出复议申请。行政复议决定尾部一般会注明"如不服本决定，可在接到本决定之日起15日内向法院起诉"。这样会把立案问题予以简化。如果行政复议机关逾期不作出行政复议决定，可向复议机关所在地法院诉其不作为，对不作为案件，法院一般会受理。

2. 善用管辖巧立案

如前所述，要充分运用《最高人民法院关于行政案件管辖若干问题的规定》第 2 条的级别管辖规定。如果一审法院不予立案，可以案件重大、疑难、复杂为由向上级人民法院起诉，提交书面申请，要求上级人民法院立案或指令异地法院管辖。当然，如果申请能够得到支持，则万事大吉；如果不同意，也会给出到一审法院立案的书面通知，有上级人民法院的这个"尚方宝剑"，一审法院不好再刁难。

3. 选择最有利的法院

如遇联合执法案件，可以选择到最不可能受到行政干预的法院起诉。如非法限制人身自由的案件，原告可以选择原告所在地法院管辖，既规避行政干预审判，也解决立案难问题。

4. 准备充分的立案资料

有一些案件，法院不立案，并非法院工作人员人为因素，而是律师立案材料准备不足。作为原告代理律师，应当将本案符合立案条件的法律依据逐一列明，多准备几份同类型案件的裁判文书或媒体报道资料，列出周密的证据清单，用保姆式的服务，使立案庭工作人员短时间内对案情一目了然，增加成功立案的概率。

5. 部分案件送交立案材料即可

有的行政诉讼案件，向法院起诉是为了拖延时间，或使行政机关暂无法执行。如行政处罚决定规定，若在 3 个月内不起诉，将申请法院强制执行。对这样的案件，只要有证据证明在法定起诉期限内向法院起诉即可，没必要催促法院马上立案。又如，对于县人民政府作出的房屋征收决定，只需起诉到法院即可。法院不立案或拖延，没关系，因为程序不走完，县人民政府没办法申请法院强制执行。

8.3.6　律师举证应注意的问题

1. 原告代理律师举证问题

无论是一并提起的行政赔偿诉讼还是单独提起的行政赔偿诉讼，虽在很多程序性问题上适用《行政诉讼法》及其司法解释的规定，但其毕竟不同于一般的行政诉讼，在举证责任问题上有其特殊之处。在西方发达国家，行政赔偿诉法案件一般适用民事诉讼程序解决，举证适用"谁主张谁举证"的举证规则。在法国，行政赔偿诉法案件适用行政诉讼程序，但举证责任适用民事诉讼的举证规则。

在一并提起的行政赔偿诉讼中，由被告负举证责任，但对于损失大小及损失是否由被告造成，由原告承担举证责任。所以，在行政赔偿诉讼中，原告的代理律师应当就实际损失的大小提供完整的证据，只有如此，行政赔偿请求才能得到法院的支持。

2. 被告代理律师举证问题

而作为被告的行政机关，在一并提起的行政赔偿诉讼中，应当就被诉具体行政行为承担举证责任，并且应当在接到应诉通知书后 10 日内提交。在一并及单独提起的行政赔偿诉讼中，如果被告认为赔偿要求不合理、应当少赔或不应赔偿，应当承担举证责任。所以，无论是"一并"还是"单独"提起的行政赔偿诉讼，被告的代理律师，应当尽可能收集、固定行政机关应当少赔或不赔的证据。

8.3.7 律师代理被告答辩

根据《行政诉讼法》及司法解释的规定，被告应当在收到应诉通知书后 10 日内进行答辩。

8.3.7.1 及时提出管辖异议

不要以为仅民事诉讼中被告可以提出管辖异议，在行政赔偿诉讼中，被告同样对没有管辖权的法院受理案件有权提出管辖异议。《行诉解释》第 10 条规定：当事人提出管辖异议，应当在接到人民法院应诉通知之日起 10 日内以书面形式提出。对当事人提出的管辖异议，人民法院应当进行审查。异议成立的，裁定将案件移送有管辖权的人民法院；异议不成立的，裁定驳回。一旦错过，视为认可无管辖权法院对案件的审理。

异议的同时应制作答辩状。

8.3.7.2 行政答辩状的制作要求

1. 首部

写明"行政答辩状"或"行政诉讼答辩状"。

2. 正文

（1）答辩人的简况

答辩人的简况包括行政机关名称、电话、地址，法定代表人姓名及职务，如果有委托代理人的，应当一并写明。

（2）案由

在案由部分注明"因＿＿诉我机关＿＿行政赔偿诉讼一案，依法答辩如下"。

3. 答辩主文

（1）介绍职权依据。指出作出行政行为的法律依据，用以证明权力来源合法。

（2）对案件事实进行答辩。介绍案件的客观事实，反驳原告的指控。

（3）就适用法律正确进行答辩。

（4）就程序合法进行答辩。

（5）就不应给予行政赔偿进行答辩。

4. 尾部

（1）呈送法院名称。

（2）行政机关名称及年月日，并加盖行政机关印章。

[示范文本]

行政答辩状

答辩人：____，电话：____，地址：____。

法定代表人：____，职务：局长。

委托代理人：____，____律师事务所律师。

因____诉我机关____行政赔偿诉讼一案，依法答辩如下：

1. ____；

2. ____；

3. ____。

综上，答辩人作出的行政行为认定事实清楚，证据充分，定性得当，适用法律准确，程序合法，应当依法予以维持。原告提出的要求确认行政行为违法及给予行政赔偿均没有事实和法律依据，不应支持。

此致

____人民法院

答辩人（签名）：____
____年____月____日

8.4 律师代理单独提起的行政赔偿诉讼

8.4.1 可单独提起行政赔偿诉讼的案件

1. 逾期不予赔偿的案件

逾期不予赔偿的案件，是指行政赔偿请求人单独向行政机关提出行政赔偿请求，而行政机关逾期不予赔偿，行政赔偿请求人以原告身份向法院提起诉讼的案件。

2. 直接决定不予赔偿的案件

直接决定不予赔偿的案件，指行政赔偿请求人单独向行政机关提出行政赔偿请求，而行政机关在法定期限直接作出不予赔偿决定，行政赔偿申请人不服，向法院起诉的案件。

3. 对赔偿决定不服的案件

针对行政赔偿请求人单独提出的行政赔偿申请，行政机关作出给予行政赔偿的决定，只是行政赔偿申请人对赔偿范围、方式或金额有异议而不服，向法院起诉的案件。

8.4.2 行政先行处理程序

单独提起的行政赔偿诉讼以行政机关先行处理为前提，这就涉及行政机关先行处理程序问题。所谓行政机关先行处理程序，是指行政赔偿请求人单独提出行政赔偿请求时，先向赔偿义务机关提出赔偿请求，由赔偿义务机关按法定程序进行处理，以解决赔偿义务机关和赔偿请求人之间纠纷的一种内部解决问题的行政程序。

行政先行处理程序的最大好处在于赔偿义务机关可以根据案情和赔偿请求人自行了断，高效、便民地平息纠纷，建立和谐的"官民"关系，避免矛盾恶化。需要通过先行处理程序的案件，必须行政侵权行为被确认违法。而确认行政侵权行为违法，有如下几种途径：

1. 促使行政机关自认行政行为违法

让行政机关自我认错，并不是一件很容易的事。现实生活中，"知错就改"，勇于承认错误的行政机关为数不多。如果行政赔偿义务人的行为明显违法，根本无须通过诉讼、复议等程序确认，可以通过合法的信访、举报、检举等方式进行，促使行政机关自行作出"承认违法"的答复意见、案情通报等，这些书面文书可以作为行政行为违法得到确认的证据。

2. 通过行政复议确认行政行为违法

行政机关及其工作人员实施的行政行为是否违法，双方存在巨大争议。为此，行政相对人依法向行政机关提出行政复议申请，行政复议机关经过审理后，作出行政复议决定，确认行政行为违法或撤销该行政行为。

3. 通过诉讼程序确认行政行为违法

如果行政机关实施的行政行为已经被法院的生效判决确认违法，则受到该违法行政行为侵害的行政相对人应当向实施侵权行为的行政机关先行提出行政赔偿请求。

8.4.3 制作行政赔偿申请书

行政机关的行政行为通过上述3种方式被确认违法后，即可以申请行政赔偿，申请行政赔偿应当提交申请书。赔偿请求权人不提交申请，除非赔偿义务机关愿意，否则，赔偿义务机关不会将赔偿款主动送到赔偿请求权人手上的。

一份规范、完整的行政赔偿申请书，直接影响到赔偿的实现，应足够重视。对行政赔偿申请书应当具备的基本内容，《国家赔偿法》第12条作了详细规定。

[资料链接]

《中华人民共和国国家赔偿法》

第十二条：要求赔偿应当递交申请书，申请书应当载明下列事项：

（一）受害人的姓名、性别、年龄、工作单位和住所，法人或者其他组织的名称、住所和法定代表人或者主要负责人的姓名、职务；

（二）具体的要求、事实根据和理由；

（三）申请的年、月、日。

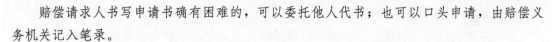

赔偿请求人书写申请书确有困难的，可以委托他人代书；也可以口头申请，由赔偿义务机关记入笔录。

赔偿请求人不是受害人本人的，应当说明与受害人的关系，并提供相应证明。

赔偿请求人当面递交申请书的，赔偿义务机关应当当场出具加盖本行政机关专用印章并注明收讫日期的书面凭证。申请材料不齐全的，赔偿义务机关应当当场或者在五日内一次性告知赔偿请求人需要补正的全部内容。

律师在帮助赔偿权利人制作行政赔偿申请书时应注意以下问题：

1. 当事人准确

如上所述，无论对赔偿请求人还是赔偿义务机关，都应当慎之再慎，不能有明显错误或出入，否则会导致赔偿义务机关以主体错误为由不予赔偿，会增加赔偿的风险，并浪费时间成本。

2. 提出合理的请求

《国家赔偿法》对赔偿范围、标准都规定得明确、具体，行政机关自由裁量的空间有限。如果列举的赔偿事项明显没有事实和法律依据，尽量不要虚列，"漫天要价、就地还钱"在行政赔偿中作用不大。

3. 事实理由合法、有据

事实理由部分应当简明扼要，对赔偿义务机关的违法侵权行为作简要的描述，并附上事实证据，一般只要交代了行政侵权行为的时间、地点及事实经过即可。事实部分描述完后，应简述赔偿义务机关应当赔偿的事实和法律依据。

4. 结尾部分大意

在行政赔偿申请书的尾部应当写明赔偿义务机关的名称，以明示该申请书是向哪个机关所提出、必须由谁受理，并在申请中写明提交赔偿申请的年、月、日。最后在最下方附注提交的证据及名称。

8.4.4　对赔偿申请的处理

行政赔偿义务机关收到行政赔偿申请后，应当及时进行审查。如果委托律师处理行政赔偿审查工作，律师应当履行如下代理职责：

1. 审查申请是否合法有据

（1）违法性是否得到确认。行政行为的违法性已经被复议机关、法院等确认，或行政机关自认违法。

（2）行政侵权行为是否存在。律师应当审查赔偿义务机关是否存在行政侵权行为。

（3）是否有直接损失。《国家赔偿法》只是规定对直接损失进行赔偿，对赔偿请求人的预期收益等不会赔偿，作为赔偿义务机关的代理律师应该注意这一问题。

（4）是否属于赔偿的范围。

（5）是否超过赔偿时效。请求国家赔偿的时效为2年，一般自知道或者应当知道国家机关工作人员的行为侵犯其人身权、财产权之日起计算。

2. 审查证据并作出赔偿决定

（1）审查证据

律师在代理赔偿义务机关处理行政赔偿案件时，应当根据相关规定审查并收集应当赔偿或不应当赔偿的各类证据。

（2）作出决定

律师对行政赔偿案件审查后，应当提出赔偿或者不予赔偿的意见，报赔偿义务机关负责人审批。如果认为赔偿请求人提出的行政赔偿请求合法有据，应予行政赔偿的，可以在征得负责人同意后先行和赔偿请求人就赔偿方式、金额进行协商。如果能达成一致意见，可以行政调解的形式结案。达成和解的，依法作出行政赔偿决定书。

8.4.5 单独起诉的条件

根据《行政赔偿诉讼司法解释》第21条的规定，赔偿请求人单独提起行政赔偿诉讼，应当符合下列条件：

1. 原告具有请求资格

单独提起行政赔偿诉讼的原告应当是认为行政机关的违法行政侵权行为侵害自己合法权益并造成实际损害的公民、法人或其他组织。如果原告对行政赔偿没有请求资格，则无所谓原告的问题。受害自然人死亡的，由继承人作原告；受害单位终止的，由承受其权利、义务的单位作原告。

[资料链接]

《中华人民共和国国家赔偿法》

第六条：受害的公民、法人和其他组织有权要求赔偿。

受害的公民死亡，其继承人和其他有扶养关系的亲属有权要求赔偿。

受害的法人或者其他组织终止的，其权利承受人有权要求赔偿。

2. 有明确的被告

行政赔偿诉讼中的被告一般是实施行政侵权行为的行政机关或法律、法规授权的组织。如果行政赔偿诉讼中没有明确的被告或多个被告关系不明、不清，则案件有可能不被法院受理。

3. 有具体的赔偿请求和受损害的事实根据

行政赔偿诉讼的主要目的是解决行政赔偿请求，没有赔偿请求的行政赔偿起诉毫无意义。受侵权和受损害的时间、经过、因果关系应当在诉状中予以简明扼要的描述，以方便

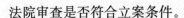

法院审查是否符合立案条件。

4. 加害行为为具体行政行为的，该行为已被确认违法

未经确认的，不能单独提起行政赔偿诉讼。单独提起行政赔偿诉讼的首要前提就是加害行为已经得到生效法律文书的确认；没有确认，只能一并提起行政赔偿诉讼。

5. 赔偿义务机关已先行处理或超过法定期限不予处理

根据《国家赔偿法》第 14 条的规定，只有经过赔偿义务机关先行处理或超过法定期限不予答复或处理，才可以单独提起行政赔偿诉讼。

[资料链接]

《中华人民共和国国家赔偿法》

第十四条：赔偿义务机关在规定期限内未作出是否赔偿的决定，赔偿请求人可以自期限届满之日起三个月内，向人民法院提起诉讼。

赔偿请求人对赔偿的方式、项目、数额有异议的，或者赔偿义务机关作出不予赔偿决定的，赔偿请求人可以自赔偿义务机关作出赔偿或者不予赔偿决定之日起三个月内，向人民法院提起诉讼。

6. 属于人民法院行政赔偿诉讼的受案范围和受诉人民法院管辖

原告提起的行政赔偿诉讼应当符合《行政诉讼法》、《国家赔偿法》及相关司法解释所规定的法院受案范围，符合法院的管辖权限。

8.4.6　诉讼期限

单独提起行政赔偿诉讼的，应当严格按照《国家赔偿法》及《行政赔偿诉讼司法解释》的规定，超过起诉期限，将会承担极为不利的法律后果。

有时行政机关在作出的行政赔偿决定或不予行政赔偿决定中，没有交代诉权或起诉期限，致使赔偿请求人错过 3 个月起诉期限的，其起诉期限应当从实际知道诉权或起诉期限之日开始计算。《行政赔偿诉讼司法解释》第 24 条规定：赔偿义务机关作出赔偿决定时，未告知赔偿请求人的诉权或者起诉期限，致使赔偿请求人逾期向人民法院起诉的，其起诉期限从赔偿请求人实际知道诉权或者起诉期限时计算，但逾期的期间自赔偿请求人收到赔偿决定之日起不得超过 1 年。

[参考案例]

2012 年 1 月 1 日，物价局对某房地产开发公司提出的行政赔偿请求作出不予赔偿决定，并当天送达，但不予赔偿决定书没有交代起诉期限及诉权。2013 年 2 月 1 日，开发公司经咨询律师后，发现可以起诉物价局，但法院拒绝受理本案。

法院的做法是对的：虽然物价局没有交代诉权和起诉期限，但开发公司收到不予赔偿决定书已经超过 1 年。

[示范文本]

行政起诉书

原告：____，男，____年____月____日出生，汉族，电话：_____，身份证号：_____，住_____号。

委托代理人：_____，_____律师事务所律师。

被告：_____县水利局，电话：_____，地址：_____。

法定代表人：____，职务：局长。

诉讼请求：

1. 依法确认被告作出的强制措施违法；

2. 判令被告赔偿原告的各项损失共计 10 万元（详见明细）。

事实和理由：

_____

_____

_____。

原告认为：_____。

为此，特依《行政诉讼法》、《国家赔偿法》等规定，提起行政赔偿诉讼，请依法判决。

此致

____人民法院

具状人（签名）：____

____年____月____日

8.4.7 行政赔偿诉讼的受理

（1）行政、刑事赔偿竞合

根据《行政赔偿诉讼司法解释》第 26 条的规定，当事人先后被采取限制人身自由的行政强制措施和刑事拘留等强制措施，因强制措施被确认为违法而请求赔偿的，人民法院按其行为性质分别适用行政赔偿程序和刑事赔偿程序立案受理。如公安机关以王某涉嫌斗殴给予其 10 日的行政拘留处罚，同时又发现其有盗窃行为，决定对其刑事拘留 20 天。经过进一步调查，违法和犯罪事实都不存在。这时，对行政拘留处罚可以提起行政赔偿诉讼，而对刑事拘留应当根据刑事赔偿程序立案处理。

（2）普通案件受理

人民法院接到原告单独提起的行政赔偿起诉状，应当进行审查，并在 7 日内立案或者作出不予受理的裁定。人民法院接到行政赔偿起诉状后，在 7 日内不能确定可否受理的，应当先予受理。审理中发现不符合受理条件的，裁定驳回起诉。当事人对不

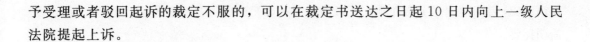

予受理或者驳回起诉的裁定不服的，可以在裁定书送达之日起 10 日内向上一级人民法院提起上诉。

8.4.8 律师对单独提起行政赔偿诉讼的把握

8.4.8.1 举证问题

在单独提起的行政赔偿诉讼中，适用"谁主张，谁举证"的一般原则；在一并提起的行政赔偿诉讼中，被告就具体行政行为的合法性承担举证责任，但对赔偿问题，仍适用"谁主张，谁举证"。《行政赔偿诉讼司法解释》第 32 条规定：原告在行政赔偿诉讼中对自己的主张承担举证责任。被告有权提供不予赔偿或者减少赔偿数额方面的证据。

在向法院起诉时，应当对以下方面提供证据：（1）行政侵权行为是被告所实施；（2）行政侵权行为已经被确认违法；（3）曾申请被告先行处理；（4）受损失的事实及损失的大小。

8.4.8.2 答辩应注意的问题

因为单独提起行政赔偿诉讼的，行政行为已经被确认违法，对此无须答辩，重点应放在原告主体不适格、起诉超过期限、被告没有实施行政侵权行为、不应当赔偿或应当少赔偿、作出的行政赔偿决定符合法律规定等。

在对行政赔偿决定符合法律规定进行答辩时，应重点强调：行政赔偿决定符合法定程序，损失计算准确，并无不计算或少计算的情形。

在对财产损失应不赔或少赔进行答辩时，应当重点强调：财物并没有损坏、经营损失没有证据、计算不符合规定、原告故意放任损失的扩大，没有实际发生停产、停业等，希望法院不支持或部分不支持原告的赔偿请求。

在对侵犯人身自由应不赔或少赔进行答辩时，应当强调：没有实际收入损失证明、医疗证明或鉴定结论不合法、医疗费用票据残缺不全、丧失劳动能力的鉴定存在瑕疵、单位误工证明缺乏真实性等，用以抗辩原告的诉讼请求。

8.4.8.3 制作代理词

代理词是指案件双方的委托代理律师，根据实际庭审情况，对法庭辩论环节中关于事实认定、法律适用、裁判意见进行综合归纳而形成的一种书面意见，或称为演说词。作为律师，不但在法庭上要能说会道、舌战群儒，而且应当具有一定的论文写作水平，根据庭审写出逻辑严密、说理清晰的代理意见。

一份好的代理词，能够充分表达委托人的主张，是实现委托人诉讼权利的重要保证，也为法院裁判案件提供了重要参考依据。法官一定会尊重一个在法庭上发言铿锵有力和代理词也写得非常漂亮的律师。

事实是案件的基础，法律是衡量是非的准绳。制作代理词，应当摆事实、讲道理，折服对方或说服法官接受自己的观点。书写代理词应当注意：（1）用事实讲道理，切忌空话连篇；（2）引用法律规定要准确，不断章取义；（3）论点明确，论据有证可查；（4）尽量简明扼要。

［示范文本］

代 理 词

审判长、审判员：

受北京市××律师事务所指派，本律师依法担任贵院正在审理的A厂诉开发区管委会行政赔偿纠纷一案的诉讼代理人，结合庭审查证的事实，提出如下代理意见：

一、开发区管委会应当承担赔偿责任

开发区规划局颁发的《房屋拆迁许可证》已被一、二审法院确认违法。同时，开发区管委会强拆A厂房屋的行为也被法院的生效判决确认违法。根据《国家赔偿法》第2条有关"国家机关和国家机关工作人员行使职权，有本法规定的侵犯公民、法人和其他组织合法权益的情形，造成损害的，受害人有依照本法取得国家赔偿的权利。本法规定的赔偿义务机关，应当依照本法及时履行赔偿义务"之规定，开发区管委会对违法强拆A厂房屋的行为应当承担赔偿责任。

二、关于红线内外的被拆房屋的处理意见

开发区管委会违法强制拆除的房屋包括两部分，本代理人提出如下处理意见：（1）红线外被强拆的4 000平方米建筑物，在原土地上恢复原状；（2）对于红线内被强拆的2 480.48平方米建筑物，在同地段按"拆一还一"的原则还建。

《国家赔偿法》规定，能够恢复原状的，应当恢复原状。红线外的房屋和土地并不是高铁建设项目需要占用的部分，竟然也被无缘无故拆除。这块土地仍在，也能够恢复原状，被上诉人应当按照同比例、同等级重建。

三、无证部分房屋及附属物应依法赔偿

开发区管委会关于"无证部分房屋属违建，不应当赔偿"的观点欠缺事实依据。按市政府对违建房屋认定标准，该无证部分的房屋已超过规定年限，属合法财产，依法应当赔偿。

无证部分的1 500平方米房屋没有取得《房屋所有权证》有其历史原因，当初建设时已经征得当地政府的同意，时间长达15年之久。没有《房屋所有权证》，并不影响A厂的合理主张。

四、物品、设备损失应当得到支持

按规定，强拆房屋应当由公证处先行测量、拍照、清点之后进行公证。A厂有充分的理由相信开发区管委会持有该证据，其应当依法提供该证据，否则，应当作出对其不利的判决。

在庭审时，就被毁物品、设备，A厂提供了照片、视频、发票、会计凭证等证据，足以认定。在开发区管委会举证不能的情况下，应当根据司法解释的规定，推定A厂的上述物品、设备损失主张能够成立。因此，A厂提出的赔偿要求合法有据，开发区管委会所谓

"不能提供物品、设备损失证据就不应当赔偿"的说法无依据，不应采信。

五、安置补助费应从××××年××月××日开始计算

××××年××月××日，开发区管委会对 A 厂进行过一次强拆，事实上已经使 A 厂处于停产、停业状态，根据××市规定的标准，安置补助费应从××××年××月××日开始计算。

因此，第一次临时安置费应为 6 309 861. 18 元，即从××××年××月××日至××××年××月××日止；第二次临时安置补偿应从 ××××年××月××日起至过渡期满开发区管委会实际交房止，按每月每平方米××元支付。

六、停产、停业损失费的正确计算方式

《××市城市房屋拆迁管理实施办法》第 40 条规定："因拆迁造成停产、停业且实行房屋产权调换的，按上年度的平均工资水平，对被拆迁范围内直接从事生产经营的在册人员给予 6 个月的停产、停业补偿费用。"A 厂行政主管部门为××市新闻出版局，有《印刷经营许可证》，属于文化行业，不能按普通的企业的标准进行计算。经过计算，A 厂的停产、停业损失为 787 万元。

综上，A 厂提出的行政赔偿请求合法有据，应当得到全部支持。开发区管委会的抗辩理由欠缺最基本的事实和法律依据，不应采信。

以上代理意见请合议庭充分予以考虑！

代理人：北京市××律师事务所

律师 ×××

××××年××月××日

8.4.8.4　案件裁判结果及评析

1. 案件裁判结果

法院经过审理，认真听取了律师的代理意见，认为代理意见合法有据，予以支持，特别是支持了代理律师提出的不提交公证书应当推定 A 厂主张成立的意见。据此判决如下：（1）房屋、土地按原面积还建；（2）赔偿安置补助费 574 万元（逾期未建，按房屋建筑面积每月每平方米 22 元支付临时安置补偿费）；（3）赔偿停业损失 208 万元；（4）赔偿设备损失 71 万元；（5）赔偿原料损失 59 万元；（6）赔偿附着物损失 96 万元。

2. 案例评析

（1）对证据的收集和整理

本案是一并提起的行政赔偿诉讼，因 A 厂房被夷为平地，原材料、设备、附属物等证据难以取得。作为原告方的代理律师，应收集、整理出会计凭证、物品采购发票、买卖合同等证据，同时通过证人证言、照片、订货单等资料尽可能展现被强拆前的产区及物品的原貌。

（2）及时变更部分诉请

在一审中，律师认为恢复原状已不可能，而土地增值，建安成本增加，故原地恢复，

就近安置更能将损失降到最低，遂及时提出在同等地段进行土地、房屋置换。最终该诉讼请求得到法院的支持。在行政赔偿诉讼中，切忌一成不变，应审时度势，灵活掌握并及时变更诉讼请求，实现原告利益的最大化。

（3）适时增加诉讼请求

针对可能出现的"判决执行难"的问题，在诉讼中，代理律师及时增加了诉讼请求，不但要求按规定支付安置补助费，还要求开发区管委会支付自判决之日起至实际履行交房义务时止的临时安置补助费。法院最后也支持了该项诉讼请求，每逾期1年给予一百三十余万元的临时安置补助费，最大限度地确保了A厂的损失不至于进一步扩大。

（4）将举证责任转移给对方

本案中，所有物品被毁，A厂的举证难度很大，律师充分运用了诉讼证据司法解释第69条中"原告确有证据证明被告持有的证据对原告有利，被告无正当事由拒不提供的，可以推定原告的主张成立"之规定。同时，原《城市房屋拆迁管理条例》也规定，强拆房屋，必须对房屋测量、清点物品并拍照，制作公证书。律师坚决要求对方提交相关证据，因对方拒不提交，法院根据现有证据推定A厂的物品损失主张成立。

练习与测试

1. 简述行政赔偿的构成要件；
2. 以本章中的A厂行政赔偿诉讼案为背景，制作一份起诉状。
3. 针对原告起诉，作为被告的代理律师应如何制作答辩状？
4. 作为原告的代理律师，在选择最优管辖法院时应注意哪些问题？
5. 单独提起行政赔偿诉讼应当注意的问题有哪些？
6. 作为被告的代理律师，应如何举证反驳原告的赔偿请求？

单元总结

行政赔偿诉讼和行政诉讼既有区别也有联系，作为代理律师，在签订委托代理合同前应当审查原告起诉资格、时效等问题，做到心中有数。作为原告的代理律师，在一并提起的行政赔偿诉讼中，对行政侵权行为是否存在及赔偿请求负有举证责任，并非全由被告负举证责任；作为被告的代理律师，对具体行政行为的合法性承担举证责任，对不应赔偿或应少赔偿应当提供证据。

在一并提起的行政赔偿诉讼中，原告代理律师应当就行政侵权行为已经被确认违法、先行提出过赔偿请求、赔偿金额范围等问题承担举证责任；被告代理律师如反驳，须提供证据，否则会承担不利的法律后果。

通过本章的学习，掌握行政赔偿诉讼的基本要领，熟悉法律及司法解释的规定，并能娴熟地运用这些规定去解决行政赔偿诉讼领域中的实际问题。

第**9**章

律师代理行政强制执行案件

单元要点

本单元主要介绍律师代理行政相对人、行政机关申请人民法院强制执行生效裁判文书、未经诉讼的具体行政行为的基本知识。

学习目标

了解律师代理行政相对人、行政机关申请人民法院强制执行生效裁判文书、未经诉讼的具体行政行为的基本知识，掌握代理行政强制执行案件的要领及技巧。

■ 9.1 接受行政相对人或者行政机关的委托，代理行政强制执行案件

《行政诉讼法》有关"执行"的规定，仅有两条，即第 65 条和第 66 条，这两条规定了生效裁判文书和未经诉讼的具体行政行为的执行。

《行政诉讼法》第 65 条第 1 款规定：当事人必须履行人民法院发生法律效力的判决、裁定。根据《行诉解释》第 83 条，对发生法律效力的行政判决书、行政裁定书、行政赔偿判决书和行政赔偿调解书（以下简称"裁判文书"），负有义务的一方当事人拒绝履行的，对方当事人可以依法申请人民法院强制执行。因此，无论是提起行政诉讼的原告即被诉的具体行政行为的相对人或者与该行为有法律上利害关系的人，还是被告即作出具体行政行为的行政机关（或者其他行政主体，下同），在另一方拒不履行已经发生法律效力的裁判文书时，均有权向人民法院申请强制执行裁判文书。

根据《行政诉讼法》第 66 条的规定，公民、法人或者其他组织对具体行政行为在法定期间不提起诉讼又不履行的，行政机关可以申请人民法院强制执行，或者依法强制执行。因此，对于行政机关作出的具体行政行为，行政相对人既不在法定期间提起行政诉讼，又不履行具体行政行为内容的，如果法律赋予行政机关强制执行权，则行政机关可以依法自行强制执行；如果法律没有赋予行政机关强制执行权，则行政机关不得自行强制执行，而需要申请法院强制执行。鉴于本书的内容主要是有关律师代理行政诉讼的相关业务，因而，本章主要介绍律师代理行政机关申请人民法院强制执行的相关知识，至于行政机关有强制执行权自行强制执行的，不属于本书介绍的内容。

下面将分别介绍律师代理生效裁判文书的强制执行，以及代理未经诉讼的具体行政行为（以下简称"非诉具体行政行为"）的强制执行。

9.2　律师代理对生效裁判文书的强制执行

9.2.1　办理相关手续，律师接受行政相对人或者行政机关的委托

对生效裁判文书的强制执行，如果律师是原告或者被告一方行政诉讼案件的代理人，在行政诉讼裁判文书生效后、另一方当事人拒不履行裁判文书时，当事人通常还会委托律师向法院申请强制执行。此种情况下，有关利益冲突等通常已经在律师接受行政诉讼案件的委托时进行查证，但需要注意一下原来的行政诉讼案件的委托代理协议中是否包含向法院申请强制执行裁判文书的内容，如果不包含，则律师所在的律师事务所需要和当事人另行签订委托代理协议。

如果律师未代理行政诉讼案件，而是在裁判文书生效后，原告或者被告找到律师请求代理强制执行，则需要进行利益冲突查证。在不存在利益冲突的情况下，需要签订委托代理协议，建立委托代理关系。

对于第一种情况，由于律师在行政诉讼案件中就是代理人，因而对具体行政行为的情况比较熟悉，准备材料相对容易；对于第二种情况，律师还需要与当事人进行沟通，查阅被诉具体行政行为的行政案卷和诉讼案卷，了解被诉具体行政行为及裁判的具体内容，以便开展代理工作。

9.2.2　律师首先要判断裁判文书是否已经生效，只有生效的裁判文书才可以申请强制执行

律师接受委托后，首先要做的工作是判断裁判文书是否已经生效。不同的裁判文书，法律规定的生效规则也不相同。

如果申请执行的裁判文书是行政判决书、行政裁定书、行政赔偿判决书，根据《行政诉讼法》第 58 条的规定，对于一审判决，当事人有自收到判决书之日起 15 日的上诉期；对于一审裁定，当事人有自收到裁定书之日起 10 日的上诉期。当事人逾期不提起上诉的，一审判决或者裁定才发生法律效力。而至于二审裁判，裁判文书送达各方当事人之后即生效。

如果申请执行的裁判文书是行政赔偿调解书，根据《民事诉讼法》的相关规定，调解书经双方当事人签收后，即具有法律效力。

如果律师经审查，发现当事人拟申请执行的裁判文书尚未生效，需要告知当事人申请法院强制执行的条件尚不具备，待裁判文书生效后再向法院申请强制执行。

9.2.3 强制执行申请应当在法定的期限内提出

根据《行诉解释》第 84 条的规定，申请人是公民的，申请强制执行的期限是 1 年；申请人是法人或者其他组织的，申请强制执行的期限是 180 日；申请人是行政机关的，申请强制执行的期限是 180 日。申请强制执行的期限从法律文书规定的履行期间最后一日起计算；法律文书中没有规定履行期限的，从该法律文书送达当事人之日起计算。逾期申请的，除有正当理由外，人民法院不予受理。

因此，律师在接受委托后，还需要审查当事人准备申请法院强制执行时是否在法定期限内。如果律师发现当事人委托其代理申请强制执行时已经超过上述期限，则需要了解是否有正当理由，以判断人民法院能否受理强制执行的申请。如果没有正当理由，则有可能面临不被法院受理的风险。对此，律师应告知当事人，由当事人决定是否继续向法院提出强制执行的申请。

9.2.4 确定管辖法院

根据《行诉解释》第 85 条的规定，发生法律效力的裁判文书，由第一审人民法院执行，第一审人民法院认为情况特殊，需要由第二审人民法院执行的，可以报请第二审人民法院执行；第二审人民法院可以决定由其执行，也可以决定由第一审人民法院执行。因此，律师可以确定通常应当向作出第一审裁判的法院提出强制执行申请。

9.2.5 准备强制执行申请书及相关材料

9.2.5.1 撰写强制执行申请书

律师在对相关材料，包括具体行政行为、行政诉讼的相关材料等进行审查后，需要撰写强制执行申请书。相对于行政起诉状而言，强制执行申请书的内容比较简单。

[示范文本]

强制执行申请书

申请人：×××公司

住所地：××市××区×××大街××号××大厦××层

法定代表人：×××　　　　　职务：董事长

被申请人：××工商局

住所地：××市××区×××大街××号

法定代表人：×××　　　　　职务：局长

申请依据：[×××]中行初字第×××号行政判决书

请求事项：

1. 被申请人返还查扣申请人的×××货物××件；

2. 被申请人支付申请人赔偿金×××元；

3. 由被申请人承担本案全部执行费用。

事实与理由：

申请人与被申请人行政处罚纠纷一案，已由贵院作出［×××］中行初字第×××号行政判决书。该判决书作出后，申请人与被申请人在法定期间均未提出上诉，该判决书已于××××年××月××日生效。现因被申请人未在该判决书指定期间即判决生效后 30 天内履行该判决，根据《中华人民共和国行政诉讼法》及有关法律规定，特向贵院申请予以强制执行。

此致

××市中级人民法院

申请人：×××公司（印）

××××年××月××日

附件：

1. ［×××］中行初字第×××号行政判决书；

2. 企业营业执照副本复印件（或自然人的身份证复印件）；

3. 法定代表人（负责人）身份证明；

4. 授权委托书等。

9.2.5.2 提交相关材料

除强制执行申请书以外，律师还应将与强制执行申请有关的已经生效的裁判文书、企业营业执照副本复印件（或自然人的身份证复印件）、组织机构代码证书、法定代表人（负责人）身份证明、授权委托书等材料向法院提交。

9.2.6 法院对行政机关可以采取的强制执行措施

经诉讼的具体行政行为的合法性已经在行政诉讼中进行得到审查，因此，对生效裁判文书的强制执行申请，法院通常不再对具体行政行为的合法性进行审查。法院在对申请人提交的材料进行审查后，将作出裁定，决定是否进入执行程序。

法院对公民、法人或者其他组织可以采取的强制执行措施，在《民事诉讼法》中有相关的规定，在此不赘述。根据《行政诉讼法》的相关规定，法院对行政机关可以采取的强制执行措施主要有：

9.2.6.1 《行政诉讼法》的规定

根据《行政诉讼法》第 65 条第 3 款的规定，行政机关拒绝履行判决、裁定的，第一审人民法院可以采取以下措施：

（1）对应当归还的罚款或者应当给付的赔偿金，通知银行从该行政机关的账户内划拨。

（2）在规定期限内不履行的，从期满之日起，对该行政机关按日处 50 元至 100 元的罚款。

（3）向该行政机关的上一级行政机关或者监察、人事机关提出司法建议。接受司法建议的机关，根据有关规定进行处理，并将处理情况告知人民法院。

（4）拒不履行判决、裁定，情节严重，构成犯罪的，依法追究主管人员和直接责任人员的刑事责任。

9.2.6.2 司法解释的规定

《行诉解释》第 96 条规定：行政机关拒绝履行人民法院生效判决、裁定的，人民法院可以依照《行政诉讼法》第 65 条第 3 款的规定处理，并可以参照《民事诉讼法》第 102 条的有关规定，对主要负责人或者直接责任人员予以罚款处罚。

《民事诉讼法》第 111 条规定：诉讼参与人或者其他人有下列行为之一的，人民法院可以根据情节轻重予以罚款、拘留；构成犯罪的，依法追究刑事责任：（1）伪造、毁灭重要证据，妨碍人民法院审理案件的；（2）以暴力、威胁、贿买方法阻止证人作证或者指使、贿买、胁迫他人作伪证的；（3）隐藏、转移、变卖、毁损已被查封、扣押的财产，或者已被清点并责令其保管的财产，转移已被冻结的财产的；（4）对司法工作人员、诉讼参加人、证人、翻译人员、鉴定人、勘验人、协助执行的人，进行侮辱、诽谤、诬陷、殴打或者打击报复的；（5）以暴力、威胁或者其他方法阻碍司法工作人员执行职务的；（6）拒不履行人民法院已经发生法律效力的判决、裁定的。人民法院对有前款规定的行为之一的单位，可以对其主要负责人或者直接责任人员予以罚款、拘留；构成犯罪的，依法追究刑事责任。

根据上述规定，法院可以对拒不履行人民法院生效裁判文书的行政机关的主要负责人或者责任人员予以罚款。

9.3 律师代理对非诉具体行政行为的强制执行

《行政诉讼法》第 66 条仅规定行政机关可以申请法院强制执行，《行诉解释》结合诉讼实践，规定具体行政行为的权利人在法定的情形下可以申请法院强制执行。行政机关与具体行政行为的权利人在申请法院强制执行时，律师的代理工作有所不同。下面分别介绍。

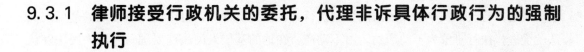

9.3.1 律师接受行政机关的委托，代理非诉具体行政行为的强制执行

律师接受行政机关的委托后，应当向行政机关索取非诉具体行政行为的案卷，以案卷材料为基础，审查非诉具体行政行为是否符合法律规定的申请法院强制执行的条件，撰写相关的法律文件，向法院提交相关的材料，在执行过程中配合法院处理相关问题，以争取圆满完成行政机关申请法院强制执行的案件。

9.3.1.1 律师审查非诉具体行政行为是否符合申请法院强制执行的条件

律师在审查非诉具体行政行为是否符合申请法院强制执行的条件时，主要审查以下内容：

第一，非诉具体行政行为依法可以由人民法院执行。具体行政行为依法可以由人民法院执行，主要有两种情况：一种是法律、法规没有赋予行政机关强制执行权，行政机关申请人民法院强制执行的；另一种是法律、法规规定既可以由行政机关依法强制执行，也可以申请人民法院强制执行，行政机关申请人民法院强制执行的。对于行政机关有强制执行权，而法律、法规未规定可以申请法院强制执行的具体行政行为，行政机关不得申请法院强制执行。

第二，非诉具体行政行为已经生效并具有可执行的内容。对于尚未生效的具体行政行为，例如，法律规定需要经上级行政机关批准才生效的具体行政行为，未经批准就申请强制执行的，法院就不能受理；吊销营业执照等则是不具有可强制执行内容的具体行政行为。

第三，申请人是作出该非诉具体行政行为的行政机关或者法律、法规、规章授权的组织。

第四，被申请人是该非诉具体行政行为所确定的义务人。

第五，被申请人在非诉具体行政行为确定的期限内或者行政机关另行指定的期限内未履行义务。在申请法院强制执行前，行政机关在作出具体行政行为时应确定具体的执行期限，由相对人自行执行具体行政行为内容。"行政机关另行指定的期限内未履行义务"，指的是具体行政行为作出时行政机关未规定履行期限，而对履行期限另作规定或者另行通知。只有在行政机关指定的履行期限内，义务人不履行义务的，行政机关才能申请法院强制执行。

第六，在法定期限内提出申请。根据《行诉解释》第88条的规定，行政机关申请人民法院强制执行其具体行政行为，应当自被执行人的法定起诉期限届满之日起180日内提出；逾期申请的，除有正当理由外，人民法院不予受理。因此，律师应当注意此处的"法定起诉期限届满之日起"，此法定期限的起算点与生效裁判文书申请强制执行期限的起算点不同，在起诉期限届满之日起180日内必须申请法院强制执行。

第七，被申请执行的行政案件属于受理申请的人民法院管辖。根据《行诉解释》第89条的规定，行政机关申请人民法院强制执行其具体行政行为，由申请人所在地的基层人民法院受理；执行对象为不动产的，由不动产所在地的基层人民法院受理。基层人民法院认为执行确有困难的，可以报请上级人民法院执行；上级人民法院可以决定由其执行，也可以决定由下级人民法院执行。这一规定，与生效裁判文书强制执行的管辖有所区别，律师应当注意。确定管辖时首先要考虑由行政机关所在地的基层人民法院管辖，对不动产的强制执行应向不动产所在地的法院申请。

律师经过审查，如果发现上述任何一个条件不满足，应当与行政机关进行沟通，了解原因并考虑解决这些问题的对策和方法，将不符合的条件逐一消除，才能向法院提出强制执行申请。

9.3.1.2 向法院提交强制执行申请及相关材料

行政机关申请法院强制执行其具体行政行为，应当提交申请执行书、据以执行的行政法律文书、证明该具体行政行为合法的材料和被执行人的财产状况以及其他必须提交的材料。非诉具体行政行为强制执行申请书，与生效裁判强制执行申请书略有不同，试举一例说明。

[示范文本]

强制执行申请书

申请人：××市住房和城乡建设委员会

住所地：××市××区×××大街××号××大厦××层

法定代表人：×××　　　　职务：主任

被申请人：××公司

住所地：××市××区×××大街××号

法定代表人：×××　　　　职务：经理

请求事项：

1. 申请法院强制执行××市住房和城乡建设委员×××号行政处罚决定书确定的罚款 30 000 元；

2. 申请法院执行截止执行日的滞纳金（自××××年××月××日起至执行日，按每日 900 元计算）。

事实与理由：

被申请人之员工张××代表被申请人于 2012 年 5 月 1 日从事了××家园 18 号楼 3 单元 401 室租赁的经纪活动。张××未取得房地产经纪资格证书，被申请人的行为属于使用未取得经纪资格人员从事房屋租赁经纪活动。申请人于 2012 年 8 月 6 日对此立案调查，并依据《××市房屋租赁管理规定》第二十九条第（三）项的规定，于 2012 年 8 月 24 日对被申请人作出罚款 30 000 元的行政处罚决定，并于 2012 年 8 月 31 日送达被申请人。被申请人在法定期限内未申请行政复议，未提起行政诉讼，也不履行行政处罚决定。

鉴于上述情况，根据《行政诉讼法》第六十六条的规定，特申请贵院依法强制执行。

此致

××市××区人民法院

申请人：××市住房和城乡建设委员会（印）

××××年××月××日

附件：

1. ×××号行政处罚决定书；

2. ×××市非税收一般缴款书；

3. 送达回证；

4. 申请人作出×××号行政处罚决定书所依据的证据：

（1）询问笔录；

（2）调查终结报告；

（3）企业法人营业执照；

（4）退房协议；

（5）租房违约金收据。

9.3.2　律师接受具体行政行为权利人的委托，代理非诉具体行政行为的强制执行

律师代理具体行政行为权利人申请法院强制执行非诉具体行政行为时，除应注意代理行政机关申请执行非诉具体行政行为时的相关内容外，更要注意以下问题：

《行诉解释》第 90 条规定：行政机关根据法律的授权对平等主体之间民事争议作出裁决后，当事人在法定期限内不起诉又不履行，作出裁决的行政机关在申请执行的期限内未申请人民法院强制执行的，生效具体行政行为确定的权利人或者其继承人、权利承受人在 90 日内可以申请人民法院强制执行。享有权利的公民、法人或者其他组织申请人民法院强制执行具体行政行为，参照行政机关申请人民法院强制执行具体行政行为的规定。

上述规定，包含以下几层意思：

第一，申请法院强制执行的主体可以是生效具体行政行为确定的权利人，也可以是权利人的继承人、权利承受人。

第二，权利人申请执行的具体行政行为仅限于法律授权行政机关对平等主体之间作出的裁决。对于行政法规或者地方性法规授权的行政裁决，权利人不能向法院申请强制执行。

第三，只有在行政机关在申请强制执行的期限即《行诉解释》第 88 条规定的 180 日内未提出申请的情况下，权利人方可提出强制执行申请。

第四，权利人提出强制执行申请，只限于行政机关申请强制执行期限届满之日起 90 日内提出。

第五，权利人申请法院强制执行，除了期限、条件等特别规定外，参照行政机关申请人民法院强制执行具体行政行为的规定。

根据《行诉解释》第 91 条第 2 款的规定，享有权利的公民、法人或者其他组织申请人民法院强制执行的，人民法院应当向作出裁决的行政机关调取有关材料。

因此，律师代理具体行政行为权利人申请法院强制执行时，只需提供证明裁决存在的证据，无须提供其他证据。作出裁决的相关证据会在法院受理申请强制执行案件后，由法院向行政机关调取。

■ 9.4　执行中有关问题的处理

9.4.1　向法院提供执行线索（即被执行人的财产状况）

案件进入执行程序后，律师应协助申请人收集、汇总与案件相关的执行线索，并提交法院。根据执行标的不同，提交的执行线索也应有所侧重：如果执行标的是金钱，应提供被执行人的银行账户；如果执行标的是物品，应提供物品存放的地点。如果行政相对人或者行政机关不能向法院提供执行的财产或者执行线索，有可能导致执行终结。因此，律师应向行政相对人或者行政机关进行说明并提示风险，要求行政相对人或者行政机关尽可能地收集执行线索，否则，有可能导致执行程序因进行不下去而终结。

9.4.2　配合法院对具体行政行为进行审查

（1）法院对具体行政行为的合法性进行审查，并针对不同情形作出相应的裁定

根据《行诉解释》的相关规定，人民法院接到行政机关强制执行的申请及相关材料后，应当进行审查。对符合条件的申请，应当立案受理，并通知申请人；对不符合条件的申请，应当裁定不予受理。

人民法院受理行政机关申请执行其具体行政行为的案件后，应当在 30 日内由行政审判庭组成合议庭对具体行政行为的合法性进行审查，并就是否准予强制执行作出裁定；需要采取强制执行措施的，由该院负责强制执行非诉具体行政行为的机构执行。

被申请执行的具体行政行为有下列情形之一的，法院应当裁定不予执行：明显缺乏事实根据的；明显缺乏法律依据的；其他明显违法并损害被执行人合法权益的。裁定不予执行的，应当说明理由，并将不予执行的裁定送达行政机关。

对于进入执行程序的具体行政行为，如果没有可供执行的财产，法院通常会作出执行裁定书，裁定执行程序终结。例如，9.3.1.2 所引案例中，法院在执行过程中，经调查，

被执行人不在承租的住所地经营，其法定代表人下落不明。法院未在银行发现被执行人有可供执行的财产，也未发现其名下有其他可供执行的财产，而申请人也不能提供执行人有可供执行的财产或者财产线索。因为不具备继续执行的条件，法院出具裁定书，终结了执行程序。当然，执行程序终结后，申请人如发现被执行人可供执行的财产线索，有权向法院再次申请执行，被执行人仍有继续履行生效法律文书所确定的债务的义务。

（2）律师在不同的阶段应配合法院的工作，协助法院对具体行政行为进行审查

在法院的立案、审查阶段，律师均应按照法院的要求积极配合法院的工作。特别是在对非诉具体行政行为申请强制执行时，由于法院对非诉具体行政行为的合法性审查只能对行政机关提供的作出具体行政行为的相关材料进行审查，缺乏行政诉讼的对抗性，因而在很多情况下，法院无法对被申请执行的具体行政行为作出准确的判断。这时，法院往往会要求行政机关补充提供相关材料。例如，法院在对非诉具体行政行为的合法性进行审查时，有时会发现行政机关申请执行的材料不全，此时，法院会与律师沟通，要求补交相关材料。有时，行政机关据以作出具体行政行为的依据还包括规范性文件，而这些文件可能通过公开途径不易取得，此时，法院会要求律师提交相关的文件。对这些问题，律师应当及时补充，必要时需要与行政机关沟通，收集、调取相关材料。当法院对非诉具体行政行为是否合法存在疑问时，律师还应向法官阐明相关事实、法律问题，以便法院能够顺利完成对非诉具体行政行为合法性的审查。

在执行中，法院对一些程序问题等可能还会与代理人进行谈话，并制作谈话笔录，律师也应予以配合。

9.4.3　财产保全与先予执行

《行诉解释》第 92 条规定：行政机关或者具体行政行为确定的权利人申请人民法院强制执行前，有充分理由认为被执行人可能逃避执行的，可以申请人民法院采取财产保全措施。后者申请强制执行的，应当提供相应的财产担保。

根据该条规定，申请法院采取财产保全应当具备 3 个条件：（1）申请人应当在申请法院强制执行之前提出财产保全申请；（2）申请人有充分理由认为被执行人将逃避执行，如转移财产等；（3）权利人提出申请的，应当提供相应的财产担保。律师在代理申请强制执行时，需要考虑是否应提出财产保全申请。律师应根据执行案件的具体情况，帮助当事人决定是否向法院提出财产保全申请；如果需要，律师还应制作相应的法律文书，提交相关的材料。

《行诉解释》第 94 条规定：在诉讼过程中，被告或者具体行政行为确定的权利人申请人民法院强制执行被诉具体行政行为，人民法院不予执行，但不及时执行可能给国家利益、公共利益或者他人合法权益造成不可弥补的损失的，人民法院可以先予执行。后者申请强制执行的，应当提供相应的财产担保。根据该条规定，一般情况下，法院在诉讼过程中，对具体行政行为不予执行，但不及时执行会造成严重损失的，法院可以先予执行。如

果律师认为具体行政行为属于应当先予执行的情况，而法院未意识到此种情况时，应当与行政机关沟通，在取得行政机关同意的前提下，及时与法院沟通，争取法院能够接受行政机关的观点，采取先予执行措施。

练习与测试

1. 律师代理生效裁判文书的强制执行时，应当做好哪些工作？
2. 律师代理非诉具体行政行为强制执行时，应当做好哪些工作？
3. 在强制执行过程中，律师主要应注意哪些问题？

单元总结

本单元主要介绍行政强制执行中，律师代理行政相对人、行政机关申请法院强制执行生效裁判、非诉具体行政行为时应当做好哪些工作，以及应当注意的律师技巧问题。

附录　主要参考法律法规

1. 《中华人民共和国宪法》
2. 《中华人民共和国行政诉讼法》
3. 《中华人民共和国行政复议法》
4. 《中华人民共和国行政复议法实施条例》
5. 《中华人民共和国民事诉讼法》
6. 《中华人民共和国国家赔偿法》
7. 《中华人民共和国行政处罚法》
8. 《中华人民共和国行政许可法》
9. 《中华人民共和国行政强制法》
10. 1997年4月29日《最高人民法院关于审理行政赔偿案件若干问题的规定》
11. 2000年3月8日《最高人民法院关于执行〈中华人民共和国行政诉讼法〉若干问题的解释》
12. 2002年6月4日《最高人民法院关于行政诉讼证据若干问题的规定》
13. 2004年1月14日《关于规范行政案件案由的通知》
14. 2004年5月18日《最高人民法院关于审理行政案件适用法律规范问题的座谈会纪要》
15. 《最高人民法院关于行政案件管辖若干问题的规定》（法释〔2008〕1号）
16. 《最高人民法院关于行政诉讼撤诉若干问题的规定》（法释〔2008〕2号）
17. 2011年7月29日《最高人民法院关于审理政府信息公开案件若干问题的规定》
18. 2011年3月17日《最高人民法院关于人民法院赔偿委员会审理国家赔偿案件程序的规定》

图书在版编目（CIP）数据

行政诉讼律师基础实务/吕立秋主编 . —北京：中国人民大学出版社，2014.4
（中国律师实训经典·基础实务系列）
ISBN 978-7-300-19190-4

Ⅰ.①行… Ⅱ.①吕… Ⅲ.①行政诉讼法-中国-高等学校-教材 Ⅳ.①D925.3

中国版本图书馆 CIP 数据核字（2014）第 068688 号

中国律师实训经典·基础实务系列
总主编　徐建　龙翼飞
行政诉讼律师基础实务
主编　吕立秋
Xingzhengsusong Lüshi Jichu Shiwu

出版发行	中国人民大学出版社		
社　　址	北京中关村大街 31 号	邮政编码	100080
电　　话	010 - 62511242（总编室）	010 - 62511770（质管部）	
	010 - 82501766（邮购部）	010 - 62514148（门市部）	
	010 - 62515195（发行公司）	010 - 62515275（盗版举报）	
网　　址	http://www.crup.com.cn		
	http://www.ttrnet.com（人大教研网）		
经　　销	新华书店		
印　　刷	北京玺诚印务有限公司		
规　　格	185 mm×260 mm　16 开本	版　次	2014 年 4 月第 1 版
印　　张	11.75 插页 2	印　次	2018 年 2 月第 2 次印刷
字　　数	252 000	定　价	29.00 元

中国律师实训经典——锻造中国律师实战的"西点军校"

中国律师实训经典·美国法律判例故事系列

环境法故事　　　　　ISBN：978-7-300-17451-8

作　　者：〔美〕理查德·拉撒路斯　　定价：￥39.80　　　出版时间：2013-06-30

宪法故事（第二版）　　ISBN：978-7-300-15548-7

作　　者：〔美〕迈克尔·C·道夫　　定价：￥49.80　　　出版时间：2012-08-31

审判故事　　　　　　ISBN：978-7-300-15004-8

作　　者：〔美〕迈克尔·E·泰戈　　定价：￥49.80　　　出版时间：2012-03-31

刑事程序故事　　　　ISBN：978-7-300-14807-6

作　　者：〔美〕卡罗尔·S·斯泰克　　定价：￥59.00　　　出版时间：2012-03-31

证据故事　　　　　　ISBN：978-7-300-14661-4

作　　者：〔美〕理察德·伦伯特　　定价：￥39.80　　　出版时间：2012-03-31

中国律师实训经典·庭辩技巧系列

美国庭审宝典（第四版）　　　　ISBN：978-7-300-16274-4

作者：〔美〕詹姆斯·W·麦克尔哈尼

定价：￥88.00　　　　　　　出版时间：2012-10-31

庭审制胜（第七版）　　　　　ISBN：978-7-300-14782-6

作者：〔美〕托马斯·A·马沃特

定价：￥88.00　　　　　　　出版时间：2012-05-30

对方证人——芝加哥著名刑辩律师论交叉询问与人生的经验教训

作者：〔美〕史蒂文·F·莫罗　　ISBN：978-7-300-15154-0

定价：￥49.00　　　　　　　出版时间：2013-04-24

中国律师实训经典 · 律师职场系列

律师的职业责任与规制（第二版）
ISBN：978-7-300-17357-3
作者：〔美〕黛博拉·L·罗德
定价：￥39.80   出版时间：2013-05-31

践行正义：一种关于律师职业道德的理论
ISBN：978-7-300-16985-9
作者：〔美〕威廉·西蒙
定价：￥30.00   出版时间：2014-05-01

中国律师实训经典 · 高端业务系列

公司兼并与收购教程   ISBN：978-7-300-19028-0
主　编：肖　微   定价：￥68.00
出版时间：2014-04-30

中国企业境内首次公开发行及上市业务教程
ISBN：978-7-300-19027-3
主　编：靳庆军   定价：￥58.00
出版时间：2014-04-30

中英商务合同精选与解读   ISBN：978-7-300-15196-0
作　者：林克敏   定价：￥42.00
出版时间：2012-03-31

中国律师实训经典 · 基础实务系列

律师执业基础	黄士林主编	出版时间：2014-04-30
刑事诉讼律师基础实务	钱列阳主编	出版时间：2014-04-30
行政诉讼律师基础实务	吕立秋主编	出版时间：2014-04-30
民事诉讼律师基础实务	翟雪梅主编	出版时间：2014-04-30
非诉讼业务律师基础实务	李大进主编	出版时间：2014-04-30
商事仲裁律师基础实务	韩　健主编	出版时间：2014-04-30
公司业务律师基础实务	龚志忠主编	出版时间：2014-04-30
房地产业务律师基础实务	李晓斌主编	出版时间：2014-04-30
企业法律风险管理基础实务	徐永前主编	出版时间：2014-04-30
劳动法律师基础实务	姜俊禄主编	出版时间：2014-04-30
知识产权业务律师基础实务	温　旭主编	出版时间：2014-04-30
婚姻家庭与继承律师基础实务	王　芳主编	出版时间：2014-04-30
合同业务律师基础实务	吴江水　著	出版时间：2014-04-30
侵权责任法律师基础实务	杨立新等著	出版时间：2014-04-30